Gruber ■ Kittelmann ■ Barth

Leitfaden für die Gefährdungsbeurteilung

16. aktualisierte Auflage · Juni 2018

DC Verlag e.K.

Titelbild: Fotolia.com, © Monkey Business
Seite 14: Fotolia.com, © leremy, © macrovector

Impressum

© 1995 by DC Verlag e.K. · 44803 Bochum · Auf der Heide 12
Telefon 0234 943490 · Telefax 0234 9434921
Internet: www.dcverlag.de · E-Mail: info@dcverlag.de

Verfasser: Dr. Harald Gruber
Marlies Kittelmann (Bundesanstalt für Arbeitsschutz und Arbeitsmedizin, Standort Dresden)
Christof Barth (Gesellschaft für Systemforschung und Konzeptentwicklung mbH, systemkonzept, Köln)

Gesamtherstellung: DC Verlag e.K., Bochum

Printed in Germany · Juni 2018

ISBN: 978-3-943488-56-2

Vorwort

Diese Broschüre wendet sich an Arbeitgeber von kleinen und mittleren Unternehmen (KMU) und an Fachkräfte, welche diese bei der Beurteilung der Arbeitsbedingungen beraten.

Mit dem Arbeitsschutzgesetz (nationale Umsetzung der EG-Rahmenrichtlinie 89/391/EWG von 1989) wurde entsprechend den Vorgaben der Europäischen Union eine umfassende Rechtsgrundlage für den betrieblichen Arbeitsschutz in Deutschland geschaffen.

Das Ziel des Gesetzes ist es, Sicherheit und Gesundheitsschutz der Beschäftigten bei der Arbeit durch Maßnahmen des Arbeitsschutzes zu sichern und zu verbessern.

Sicherheit und Gesundheitsschutz sollen vorausschauend und vorsorglich betrieben werden, noch ehe konkrete Gefahren entstehen. Dieses präventive Vorgehen fordert das Arbeitsschutzgesetz ein, indem es den Arbeitgeber verpflichtet, eine Beurteilung der Arbeitsbedingungen vorzunehmen und die erforderlichen Maßnahmen des Arbeitsschutzes zu treffen.

Die Gefährdungsbeurteilung ist das zentrale Instrument im Arbeitsschutz.

Der vorliegende Leitfaden ist eine praktische Anleitung zur Durchführung der Gefährdungsbeurteilung. Gegenüber früheren Auflagen wurde vor allem die Beurteilung von Gefährdungen präzisiert. Für die fachgerechte Beurteilung wird auf verfügbare spezifische Verfahren hingewiesen. Der Leitfaden wird regelmäßig aktualisiert, um den Stand der Technik möglichst umfassend abbilden zu können. Diese Fassung berücksichtigt u.a. das neue Strahlenschutzgesetz von 2017.

Neben dem zentralen Thema der Broschüre, wie eine Gefährdungsbeurteilung effektiv, zielorientiert und vor allem systematisch durchgeführt wird, finden Anwender Aussagen zum Entstehen von Unfällen und arbeitsbedingten Erkrankungen. Dieses Grundverständnis ist für den präventiven Ansatz sehr wichtig.

Da die Ursachen für gesundheitliche Risiken nicht nur die konkreten Arbeitsbedingungen vor Ort sein können, sondern vielfach in der betrieblichen Organisation begründet sind, wurde dieser Thematik ein eigenes Kapitel gewidmet.

Der Leitfaden soll mithelfen, die Umsetzung des Arbeitsschutzgesetzes nicht als ein bürokratisches Muss, sondern als Voraussetzung für ein gesundes Management und verantwortungsbewusstes Führungshandeln zu verstehen.

Die Autoren.

Gefährdungsbeurteilung

Gefährdungsbeurteilung – Ablauf

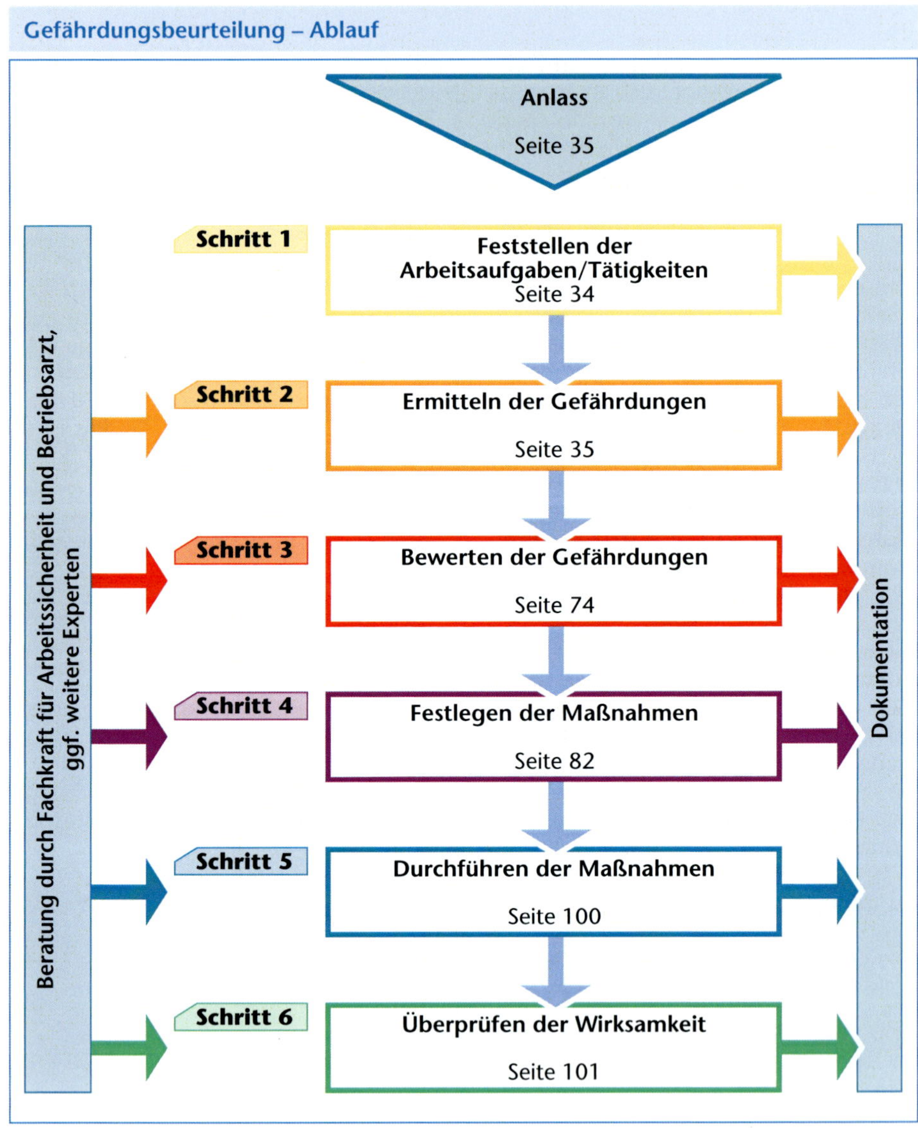

Inhalt

Grundlagen

Welches Ziel hat das Arbeitsschutzgesetz?

Sicherheit und Gesundheitsschutz der Beschäftigten bei der Arbeit sollen durch Maßnahmen des Arbeitsschutzes **gesichert und stetig verbessert** werden.

Was sind die Grundpflichten des Arbeitgebers?

Der Arbeitgeber ist verpflichtet, die erforderlichen **Maßnahmen zur Verhütung von Arbeitsunfällen und arbeitsbedingten Gesundheitsgefahren sowie zur menschengerechten Arbeitsgestaltung** zu treffen.

Alle Maßnahmen müssen auf ihre Wirksamkeit überprüft und erforderlichenfalls angepasst werden.

Dabei hat der Arbeitgeber eine **Verbesserung von Sicherheit und Gesundheitsschutz** der Beschäftigten anzustreben.

Wie werden für den Arbeitsschutz notwendige Maßnahmen bestimmt?

Welche Maßnahmen notwendig sind, muss der Arbeitgeber gemäß § 5 Arbeitsschutzgesetz durch eine Beurteilung der Arbeitsbedingungen (Gefährdungsbeurteilung) ermitteln.

Hinweis:
Die Gefährdungsbeurteilung ist die systematische Ermittlung und Bewertung relevanter Gefährdungen der Beschäftigten mit dem Ziel, die erforderlichen Maßnahmen für Sicherheit und Gesundheit bei der Arbeit festzulegen.

Gibt es weitere Rechtsvorschriften, die eine Gefährdungsbeurteilung fordern?

Die Gefährdungsbeurteilung ist das zentrale Instrument im Arbeitsschutz, das durch Verordnungen konkretisiert wird, vor allem durch:

- Arbeitsstättenverordnung
- Betriebssicherheitsverordnung
- Gefahrstoffverordnung
- Biostoffverordnung
- Lärm- und Vibrations-Arbeitsschutzverordnung
- Arbeitsschutzverordnung zu künstlicher optischer Strahlung
- Arbeitsschutzverordnung zu elektromagnetischen Feldern
- Lastenhandhabungsverordnung
- Mutterschutzrichtlinienverordnung

Wie ist der „Stand der Technik" zu berücksichtigen?

Nach dem Arbeitsschutzgesetz hat der Arbeitgeber entsprechend dem Ergebnis der Gefährdungsbeurteilung Schutzmaßnahmen nach dem Stand der Technik[1] festzulegen. Auch bei der Gefährdungsbeurteilung muss der Stand der Technik berücksichtigt werden.

Mit der Weiterentwicklung von Wissenschaft und Technik werden neue Verfahren und Methoden für die Praxis erschlossen. Neue Erkenntnisse und Forschungsergebnisse können sich beispielsweise in neuen oder geänderten Grenzwerten oder neuen technischen Lösungen widerspiegeln.

Werden die verfügbaren Technischen Regeln angewendet, kann davon ausgegangen werden, dass die Anforderungen eingehalten sind (Vermutungswirkung):

- Technische Regeln für Arbeitsstätten (ASR)
- Regeln zum Arbeitsschutz auf Baustellen (RAB)
- Technische Regeln zur Betriebssicherheit (TRBS)
- Technische Regeln für Gefahrstoffe (TRGS)
- Technische Regeln für Biologische Arbeitsstoffe (TRBA)
- Technische Regeln zur Lärm- und Vibrations-Arbeitsschutzverordnung (TRLV)
- Technische Regeln für optische Strahlung (TROS)
- Arbeitsmedizinische Regeln (AMR)

Wann ist eine Gefährdungsbeurteilung durchzuführen (Anlass)?

Eine Gefährdungsbeurteilung ist durchzuführen

- als Erstbeurteilung bei bestehenden oder neu geplanten Tätigkeiten,
- als Überprüfung bei jeder Änderung im Betrieb, die Sicherheit und Gesundheit der Beschäftigten beeinflussen kann, z. B. bei
  - Beschaffung neuer Arbeitsmittel,
  - Änderung von Arbeitsverfahren und Tätigkeitsabläufen,
  - Änderung der Arbeitsorganisation,
  - Einsatz anderer Arbeitsstoffe,
- als Überprüfung
  - in regelmäßigen Abständen (zur stetigen Verbesserung der Arbeitsbedingungen),
  - wenn die Überprüfung der Wirksamkeit weiteren Handlungsbedarf ergeben hat,
  - wenn besondere Personengruppen tätig werden (z. B. bei Anzeige einer

---

[1] Der „Stand der Technik" ist der Entwicklungsstand fortschrittlicher Verfahren, Einrichtungen oder Betriebsweisen, der die praktische Eignung einer Maßnahme zum Schutz der Gesundheit und zur Sicherheit der Beschäftigten gesichert erscheinen lässt. Bei der Bestimmung des Standes der Technik sind insbesondere vergleichbare Verfahren, Einrichtungen oder Betriebsweisen heranzuziehen, die mit Erfolg in der Praxis erprobt worden sind. Gleiches gilt für die Anforderungen an die Arbeitsmedizin und die Arbeitsplatzhygiene.

Schwangerschaft, verminderter Belastbarkeit, ...),
- bei Änderung von Vorschriften bzw. Veränderungen des Standes der Technik,
- nach Störfällen,
- nach dem Auftreten von Arbeitsunfällen, Beinaheunfällen, Berufskrankheiten und anderen arbeitsbedingten Gesundheitsbeeinträchtigungen.

In einem stetigen Prozess ist die Gefährdungsbeurteilung regelmäßig und bedarfsgerecht zu überprüfen.

Grundsätzlich ist eine Gefährdungsbeurteilung vor Aufnahme der jeweiligen Tätigkeiten durchzuführen; auch die erforderlichen Maßnahmen müssen vor Beginn der Tätigkeit umgesetzt und überprüft werden.

Wer führt die Gefährdungsbeurteilung durch?

Das Arbeitsschutzgesetz verpflichtet den Arbeitgeber zur Gefährdungsbeurteilung und deren Dokumentation. Der Arbeitgeber kann diese Pflichten auf geeignete, weisungsberechtigte Personen in der Linie schriftlich übertragen. Geeignete Personen sind vor allem die Führungskräfte auf der Meisterebene, da diese die Tätigkeiten in ihrem Zuständigkeitsbereich gut kennen und mit ihrem Führungshandeln die Arbeitsbedingungen maßgeblich beeinflussen.

Sie müssen für die Aufgabe hinreichend qualifiziert werden (z.B. durch die Fachkraft für Arbeitssicherheit). Ein Muster für die Pflichtenübertragung enthält www.gda-orgacheck.de/daten/gda/check_11.htm.

Wer berät?

Fachkräfte für Arbeitssicherheit und Betriebsärzte haben im Rahmen ihrer Aufgaben gemäß Arbeitssicherheitsgesetz eine Beratungspflicht. Sie beraten den Arbeitgeber und die Führungskräfte bei der Organisation und der Durchführung der Gefährdungsbeurteilung.

Bei bestimmten Gefährdungen ist bei der Beurteilung spezielle Fachkunde erforderlich, z. B. bei

- Tätigkeiten mit Gefahrstoffen,
- Tätigkeiten mit Biostoffen,
- Tätigkeiten unter Lärm oder Vibrationen,
- Tätigkeiten unter künstlicher optischer Strahlung,
- Tätigkeiten unter Einwirkung elektromagnetischer Felder,
- Beurteilung psychischer Belastungen.

Falls der Verantwortliche für die Durchführung der Gefährdungsbeurteilung über diese Fachkunde nicht verfügt, muss er sich entsprechend beraten lassen. Vielfach können Fachkraft für Arbeitssicherheit oder Betriebsarzt als entsprechend Fachkundige angesehen werden; ggf. sind aber auch spezielle Fachexperten einzubeziehen.

Wen beteiligen?

Bei der Organisation der Gefährdungsbeurteilung im Betrieb hat die Personalvertretung (Betriebsrat bzw. Personalrat) Mitbestimmungsrechte.

Die Beschäftigten sind bei der Durchführung der Gefährdungsbeurteilung als „Experten vor Ort" angemessen zu beteiligen (vgl. § 3, Abs. 2 ArbSchG). Insbesondere sollten die Sicherheitsbeauftragten einbezogen werden. Ihre Kenntnisse und Erfahrungen helfen bei der Ableitung wirksamer und praktikabler Arbeitsschutzmaßnahmen. Darüber hinaus können damit die Akzeptanz der Maßnahmen und das Sicherheitsbewusstsein unter den Beschäftigten erhöht werden.

Was sind besonders schutzbedürftige Beschäftigtengruppen?

Bei der Gefährdungsbeurteilung sind nach § 4, Nr. 6 ArbSchG spezielle Gefahren für besonders schutzbedürftige Beschäftigtengruppen zu berücksichtigen, wie z. B.

- Jugendliche
- Praktikanten
- Berufsanfänger
- Leiharbeitnehmer
- werdende oder stillende Mütter
- ältere Beschäftigte
- Menschen mit Behinderungen

Wer berät und kontrolliert extern?

Für Beratungen zur Durchführung der Gefährdungsbeurteilung stehen die staatlichen Arbeitsschutzbehörden und die Unfallversicherungsträger zur Verfügung.

Die Kontrolle der betrieblichen Umsetzung des Arbeitsschutzgesetzes erfolgt durch die zuständige staatliche Behörde. Dabei prüfen sie die Qualität der Gefährdungsbeurteilung anhand folgender Kriterien[1]:

- alle wesentlichen Tätigkeiten beurteilt
- alle wesentlichen Gefährdungen ermittelt
- besondere Personengruppen berücksichtigt
- die Gefährdungen zutreffend beurteilt
- Maßnahmen geeignet und ausreichend
- Wirkungskontrollen vollständig durchgeführt
- Beurteilung ist aktuell
- Dokumentation in Form und Inhalt angemessen, aussagefähig und plausibel

Auch die Krankenkassen bieten Beratungsleistungen zur Gefährdungsbeurteilung im Zusammenhang mit ihren Aufgaben auf dem Gebiet der betrieblichen Gesundheitsförderung an.

[1] nach der GDA-Leitlinie „Gefährdungsbeurteilung und Dokumentation"

Wie können Durchführung und Beratung ablaufen?

Die Führungskraft beurteilt für die Tätigkeiten in ihrem Zuständigkeitsbereich die Arbeitsbedingungen eigenverantwortlich, legt die erforderlichen Maßnahmen fest, organisiert deren Umsetzung und überprüft die Wirksamkeit der Maßnahmen. Je nach Bedarf zieht die Führungskraft zur ergänzenden Fachberatung die Fachkraft für Arbeitssicherheit und ggf. den Betriebsarzt hinzu.

Durchführung und Beratung

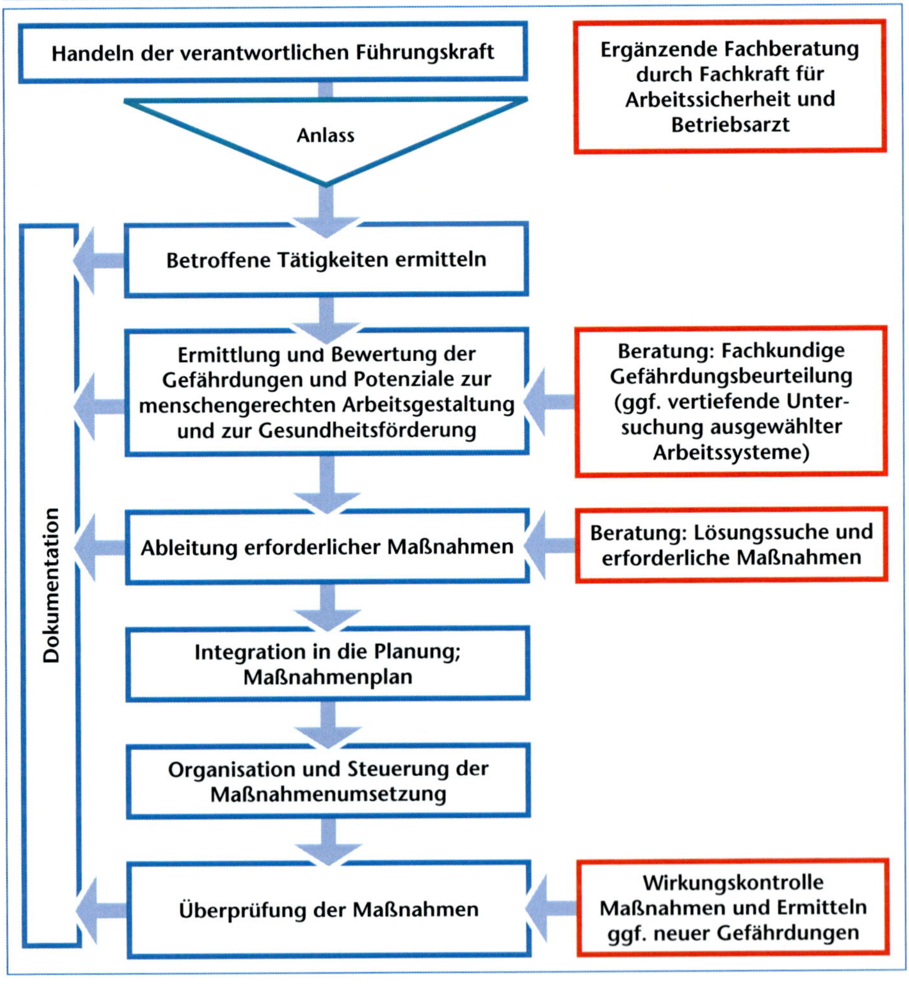

Was ist zu dokumentieren?

Die Arbeitgeber müssen über Unterlagen verfügen, aus denen

- das Ergebnis der Gefährdungsbeurteilung,
- die von ihm festgelegten Maßnahmen zum Arbeitsschutz,
- Art und Umfang erforderlicher Prüfungen von Arbeitsmitteln,
- das Ergebnis der Überprüfung der Wirksamkeit der Maßnahmen ersichtlich sind.

Wird von den durch die Arbeitsschutzausschüsse bekannt gegebenen Regeln (z. B. TRBS) und Erkenntnissen abgewichen, ist anzugeben, wie die Anforderungen der zutreffenden Arbeitsschutzverordnung eingehalten werden.

Bei gleichartiger Gefährdungssituation ist es ausreichend, wenn die Unterlagen zusammengefasste Angaben enthalten.

Die Form der Dokumentation ist nicht vorgeschrieben. Die Dokumentation soll die verantwortlichen Führungskräfte bei der Durchführung sowie Umsetzung und Überprüfung der Maßnahmen möglichst optimal unterstützen.

Ein Ergebnis der Gefährdungsbeurteilung sind auch die festgelegten erforderlichen Prüfungen der Arbeitsmittel. Sie sind somit Bestandteil einer Dokumentation.

Zu den Unterlagen gehören die in speziellen Verordnungen geforderten Aufzeichnungen, wie das Verzeichnis der Gefahrstoffe nach Gefahrstoffverordnung.

Die Dokumentation kann auch in elektronischer Form vorgenommen werden.

Was ist bei Arbeitsmitteln besonders zu beachten?

Tätigkeiten sind vielfach mit Arbeitsmitteln auszuführen. Zu den Arbeitsmitteln zählen Werkzeuge, Geräte, Maschinen und Anlagen.
Tätigkeiten mit Arbeitsmitteln sind u. a. Montieren und Installieren, Bedienen, An- oder Abschalten oder Einstellen, Gebrauchen, Betreiben, Instandhalten, Reinigen, Prüfen, Umbauen, Erproben, Demontieren, Transportieren, Überwachen.

Bei der Gefährdungsbeurteilung von Tätigkeiten mit Arbeitsmitteln sind die besonderen Anforderungen nach der seit 1. Juni 2015 geltenden neuen Betriebssicherheitsverordnung (BetrSichV) vom 3. Februar 2015 (BGBl. I 2015 Nr. 4 S. 49) zu beachten.
Die Technische Regel TRBS 1111 „Gefährdungsbeurteilung" enthält konkretisierende Anforderungen.

> Die Technischen Regeln und weitere Informationen zur Betriebssicherheit sind bereitgestellt unter www.baua.de/Betriebssicherheit.

Die Gefährdungsbeurteilung ist grundsätzlich **vor der Verwendung** der Arbeitsmittel durchzuführen (§3 (1) BetrSichV). Sie muss bereits **vor der Auswahl und der Beschaffung** der Arbeitsmittel begonnen werden (§3 (3) BetrSichV).
Dabei sind insbesondere die Eignung des Arbeitsmittels für die geplante Verwen-

dung sowie die Arbeitsabläufe und die Arbeitsorganisation zu berücksichtigen.

Die Arbeitsmittel sind im Hinblick auf die beabsichtigte Verwendung auszuwählen. Dabei ist zu prüfen, ob die vom Hersteller „mitgelieferte" Sicherheit auf der Grundlage des Produktsicherheitsgesetzes ausreicht, um die Sicherheit und den Gesundheitsschutz der Beschäftigten bei der Verwendung der Arbeitsmittel in ausreichendem Maße zu gewährleisten, oder ob zusätzliche Schutzmaßnahmen erforderlich sind.

Hierbei sind auch Herstellerinformationen, insbesondere Betriebsanleitungen, zu berücksichtigen. Weitere Informationen enthält die vom Ausschuss für Betriebssicherheit erarbeitete Bekanntmachung BekBS 1113 „Beschaffung von Arbeitsmitteln".

Bei der **Eigenherstellung von Arbeitsmitteln** sind erforderliche Schutzmaßnahmen auf Grundlage der Gefährdungsbeurteilung unter Beachtung der Schutzziele der BetrSichV festzulegen.

Zusätzlich sind die Schutzziele zutreffender europäischer Binnenmarktrichtlinien mit Anforderungen an die Produktsicherheit (z. B. Niederspannungsrichtlinie) einzuhalten. Die formalen Anforderungen dieser Richtlinien z. B. zur CE-Kennzeichnung, müssen nur eingehalten werden, wenn die entsprechende Richtlinie dies ausdrücklich auch für die Eigenherstellung fordert (z. B. Maschinenrichtlinie).

In die Gefährdungsbeurteilung sind alle Gefährdungen einzubeziehen, die von den Arbeitsmitteln selbst, von der Arbeitsumgebung und Arbeitsgegenständen, an denen Tätigkeiten mit Arbeitsmitteln durchgeführt werden, ausgehen; z.B. sind bei der Gefährdungsbeurteilung von Reparaturarbeiten an Elektrofahrzeugen sind auch die elektrischen Gefährdungen durch eingebaute Hochvolt-Baugruppen einzubeziehen.

Die BetrSichV fordert zudem ausdrücklich die Berücksichtigung der psychischen Belastung der Beschäftigten sowie ergonomischer und alternsgerechter Anforderungen (§ 3 (2) und § 6 (1) BetrSichV).

Der Explosionsschutz wird nur noch hinsichtlich erforderlicher Prüfungen von Anlagen in explosionsgefährdenden Bereichen durch die Betriebssicherheitsverordnung geregelt. Die Gefährdungsbeurteilung und die Festlegung erforderlicher Schutzmaßnahmen erfolgen auf Grundlage der Gefahrstoffverordnung.

Vereinfachtes Verfahren zur Festlegung erforderlicher Maßnahmen

Ergibt sich aus der Gefährdungsbeurteilung, dass

- die Arbeitsmittel mindestens den sicherheitstechnischen Anforderungen der für sie zum Zeitpunkt der Verwendung geltenden Rechtsvorschriften zum Bereitstellen von Arbeitsmitteln auf dem Markt entsprechen,
- die Arbeitsmittel ausschließlich bestimmungsgemäß entsprechend den Vorgaben des Herstellers verwendet werden,
- keine zusätzlichen Gefährdungen der Beschäftigten unter Berücksichtigung der Arbeitsumgebung, der Arbeitsgegenstände, der Arbeitsabläufe

sowie der Dauer und der zeitlichen Lage der Arbeitszeit auftreten und

- Instandhaltungsmaßnahmen nach § 10 getroffen und Prüfungen nach § 14 durchgeführt werden,

so sind keine weitergehenden Maßnahmen nach §§ 8 und 9 BetrSichV erforderlich. Dieses Verfahren soll Erleichterungen, insbesondere bei einfachen Sachverhalten bzw. Arbeitsmitteln, z. B. Handwerkzeugen schaffen. Das vereinfachte Verfahren ist nicht für überwachungsbedürftige Anlagen sowie Arbeitsmittel nach Anhang 3 BetrSichV (Krane, Flüssiggasanlagen sowie Maschinen der Veranstaltungstechnik) anwendbar.

Die sichere Verwendung der Arbeitsmittel muss während des gesamten Lebenszyklusses eines Arbeitsmittels und in allen Betriebsphasen gewährleistet sein.

Die nach der Gefährdungsbeurteilung erforderlichen Maßnahmen auf Grundlage des Standes der Technik können auch zu notwendigen Nachrüstungen am Arbeitsmittel führen. Einen Bestandsschutz gibt es nicht.

Zur Anpassung von Arbeitsmitteln an den Stand der Technik hat der Ausschuss für Betriebssicherheit die Bekanntmachung BekBS 1114 „Anpassung an den Stand der Technik" erarbeitet.

Die Gefährdungsbeurteilung ist die Grundlage für die Festlegung erforderlicher **Prüfungen** von Arbeitsmitteln. Dabei sind die relevanten Vorschriften der Betriebssicherheitsverordnung, die Anforderungen der technischen Regeln TRBS 1201 und TRBS 1201 Teile 1 bis 5 sowie Empfehlungen des Herstellers in der Betriebsanleitung zu berücksichtigen.

Nach der neuen Betriebssicherheitsverordnung sind nun auch **Gefährdungsbeurteilungen für überwachungsbedürftige Anlagen**, insbesondere Anlagen in explosionsgefährdeten Bereichen und Druckanlagen durchzuführen, auch wenn bei deren Betrieb keine Beschäftigten sondern ausschließlich andere Personen („Dritte") gefährdet werden.

Für die Verwendung von Aufzugsanlagen sind Gefährdungsbeurteilungen nur erforderlich, wenn sie den Beschäftigten als Arbeitsmittel vom Arbeitergeber zur Verfügung gestellt werden.

Zusätzliche Vorschriften für überwachungsbedürftige Anlagen enthält der Abschnitt 3 mit Anhang 2 BetrSichV.

Einbeziehung von Sicherheit und Gesundheitsschutz in die betriebliche Organisation

Ob Arbeitssysteme sicher und gesundheitsgerecht gestaltet sind, hängt auch von der betrieblichen Organisation ab. Deshalb sollten relevante Aspekte bei der Gefährdungsbeurteilung berücksichtigt werden.

Jedes Unternehmen arbeitet nach einem Managementsystem und setzt ein Führungskonzept um. Das optimale Zusammenwirken von Personal, Technik und Organisation ist die Voraussetzung, damit man mit wettbewerbsfähigen Produkten oder Dienstleistungen einen hinreichenden Ertrag erzielen kann. Um dieses zentrale Unternehmensziel zu erreichen, sind Detailziele, wie Qualität, Wirtschaftlichkeit, Kundenorientierung, Rechtssicherheit, Gesundheit und Qualifikation der Beschäftigten, Umweltschutz, Nachhaltigkeit und soziale Verantwortung erforderlich.

Produkte und Dienstleistungen werden in Arbeitssystemen hergestellt, in denen Menschen meist mit Arbeitsmitteln, in einem Arbeitsablauf, in einer Arbeitsumgebung (Arbeitsplatz, Arbeitsstätte, vorgegebene Bedingungen), eine Arbeitsaufgabe erfüllen.[1)] Je nach Unternehmen gibt es verschiedene Arbeitssysteme, z. B. Verwaltung, Vorfertigung, Montage, Verpackung.

Der Erfolg eines Unternehmens hängt wesentlich von der sicheren und gesundheitsgerechten Gestaltung der Arbeitssysteme ab. Nur in so gestalte-

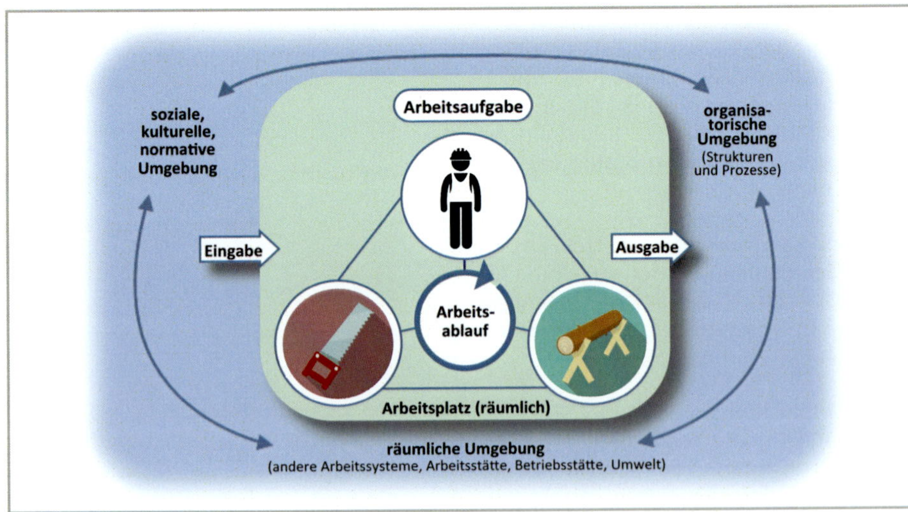

Arbeitssystem

1) (in Anlehnung an DIN EN ISO 6385 „Grundsätze der Ergonomie für die Gestaltung von Arbeitssystemen")

ten Arbeitssystemen können die Beschäftigten die Arbeitsaufgabe optimal erfüllen. Technik, Organisation und Personal im Arbeitssystem müssen dabei sehr gut aufeinander abgestimmt sein, um Systemsicherheit und gute Arbeitsbedingungen zu erhalten.

Ob Arbeitssysteme sicher und gesundheitsgerecht gestaltet sind, hängt wesentlich von der betrieblichen Organisation ab. Defizite in der betrieblichen Organisation wie Beschaffung ohne Berücksichtigung von Arbeitsschutzanforderungen, Auswahl ungeeigneter Arbeitsmittel, unzureichende Instandhaltung, fehlende Pflichtenübertragung und unterlassene Unterweisung, fehlende Durchsetzung der Weisungen und der Tragepflicht persönlicher Schutzausrüstungen erhöhen das Risiko von Arbeitsunfällen und arbeitsbedingten Erkrankungen, führen aber auch zu erhöhter Fehlerhäufigkeit, schlechter Qualität sowie abnehmender Leistungsfähigkeit und Leistungsbereitschaft.

Es ist Aufgabe der betrieblichen Organisation und des betrieblichen Managements, die Arbeitssysteme sicher und gesundheitsgerecht zu gestalten. Dabei kommt es auf die Einbeziehung von Sicherheit und Gesundheitsschutz in die betriebliche Organisation an (Unternehmensphilosophie).

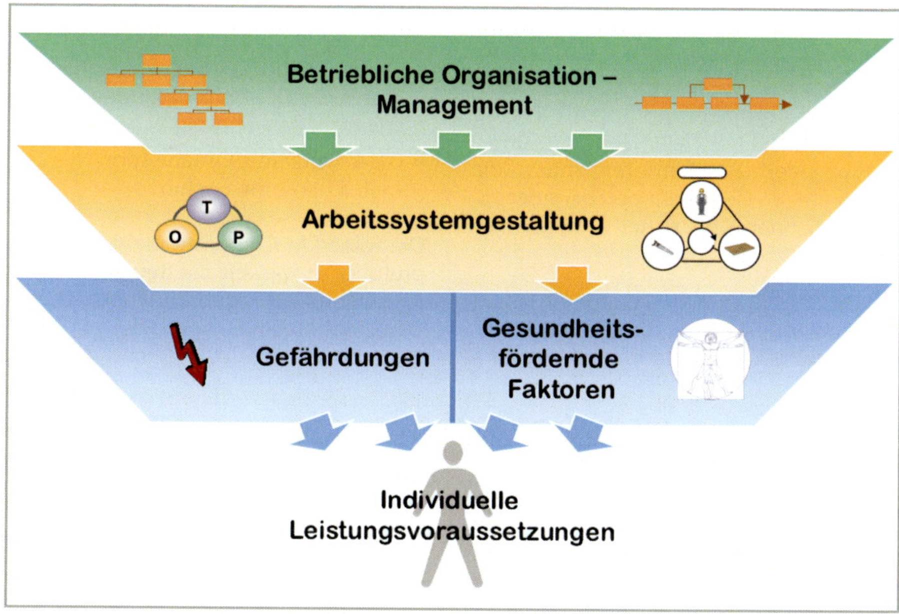

Darstellung Zusammenhang „Management-Arbeitssystem“ [2]

[2] Quelle: Grundbegriffe des Arbeitsschutzes, Ausbildungsunterlagen zur Fachkraft für Arbeitssicherheit, Hrsg.: BAuA und gewerbliche Berufsgenossenschaften, 2014

Einbeziehen heißt,

- dass der Arbeitsschutz auf allen Ebenen bekannt, akzeptiert und im Verantwortungsbereich des Managements verankert ist,
- dass die Zuständigkeiten, Verantwortlichkeiten und Befugnisse geregelt und im Unternehmen bekannt sind (z. B. wer ermittelt und bewertet Gefährdungen, wer plant und setzt notwendige Maßnahmen um, wer überwacht die Durchführung),
- dass die Beschäftigten und soweit vorhanden ihre Vertretungewn beteiligt werden und
- dass Präventionsprogramme zur Gesundheitsförderung durchgeführt werden.

Einbeziehen heißt auch, dass der Arbeitsschutz praxiswirksam in das betriebliche Management verankert ist. Bürokratismus und Formalismus führen nicht zu den gewünschten Zielen. Jede Führungskraft, jeder Beschäftigter muss die vorhandenen Gefährdungen bei jeder Tätigkeit kennen und sicher und gesundheitsgerecht handeln.

In kleinen Unternehmen hängt die Einbeziehung von Sicherheit und Gesundheitsschutz vom Engagement des Unternehmers direkt ab. Arbeitet er selbst mit und ist er auf seine eigene Sicherheit (bzw. auf die seiner mitarbeitenden Familie und seiner Mitarbeiter) bedacht, so wird der Arbeitsschutz eine wichtige Rolle im Unternehmen – in der Unternehmens-Philosophie – spielen.

Die betriebliche Organisation muss sicherstellen, dass die Arbeitsbedingungen bei jedem Handlungsanlass (siehe Seite 7) vor Aufnahme der Tätigkeit bzw. Auswahl eines Arbeitsmittels beurteilt und die erforderlichen Maßnahmen ergriffen werden.

Für eine umfassende Überprüfung des Arbeitsschutzmanagementsystems können herangezogen werden:

- GDA-ORGAcheck (www.gda-orgacheck.de)
- DIN ISO 45001 „Arbeitsschutzmanagementsysteme - Anforderungen mit Leitlinien zur Anwendung“
- GDA Leitlinie „Organisation des betrieblichen Arbeitsschutzes“

Die folgende Checkliste dient zur Überprüfung, in wieweit die **Beurteilung der Arbeitsbedingungen** in die betriebliche Organisation einbezogen ist.

Kriterium	Erfüllung der Anforderungen			Erläuterungen
	keine	teilweise	umfassend	Wie? Welcher Handlungsbedarf?
1. Arbeitsschutzpolitik und Ziele				
• Enthält das Unternehmensleitbild die sichere und gesundheitsgerechte Gestaltung der Arbeitsbedingungen?	●	●	●	
• Ist eine Willenserklärung der Unternehmensleitung zur Beurteilung der Arbeitsbedingungen vorhanden und bekannt?	●	●	●	
• Sind Arbeitsschutzziele formuliert?	●	●	●	
2. Integration in die Führung				
• Wird Arbeitsschutz als Führungsaufgabe regelmäßig vermittelt und gelebt?	●	●	●	

Grundlagen

Kriterium	Erfüllung der Anforderungen			Erläuterungen
	keine	teilweise	umfassend	Wie? Welcher Handlungsbedarf?
• Sind die Führungskräfte zur Durchführung der Beurteilung der Arbeitsbedingungen hinreichend qualifiziert?	●	●	●	
• Werden Zielvereinbarungen zur Beurteilung der Arbeitsbedingungen getroffen?	●	●	●	
• Sind Stand und Entwicklung der Beurteilung der Arbeitsbedingungen regelmäßige Themen in Führungsbesprechungen und im Arbeitsschutzausschuss (Überwachungspflicht des Arbeitgebers)?	●	●	●	
• Erfolgt die Umsetzung der erforderlichen Maßnahmen durch die Führungskräfte?	●	●	●	

Kriterium	Erfüllung der Anforderungen			Erläuterungen
	keine	teilweise	umfassend	Wie? Welcher Handlungsbedarf?
• Werden die Beschäftigten mindestens einmal im Jahr durch die Führungskräfte zu vorhandenen Gefährdungen und arbeitsschutzgerechten Verhaltensweisen anhand der Ergebnisse der Beurteilung der Arbeitsbedingungen unterwiesen?				
• Erfolgt die konsequente Durchsetzung der Unterweisungsinhalte und der Tragepflicht von persönlicher Schutzausrüstung durch die Führungskräfte?				

3. Mitarbeiterbeteiligung				
• Ist die Beteiligung der Beschäftigten bei der Beurteilung der Arbeitsbedingungen sichergestellt?				
• Werden Meldungen der Beschäftigten zu Gefährdungen und Belastungen von den Führungskräften beachtet und möglichst beseitigt?				

Kriterium	Erfüllung der Anforderungen			Erläuterungen
	keine	teilweise	umfassend	Wie? Welcher Handlungsbedarf?
• Werden Vorschläge der Beschäftigten zur Verbesserung der Arbeitsbedingungen aufgegriffen?	●	●	●	
• Wirken die Beschäftigten bei der Auswahl von Arbeitsmitteln und persönlicher Schutzausrüstung mit?	●	●	●	
• Ist die Personalvertretung bei der Organisation der Beurteilung der Arbeitsbedingungen eingebunden?	●	●	●	
4. Integration in die Aufbauorganisation				
• Erfolgt eine schriftliche Übertragung der Pflicht zur Durchführung der Beurteilung der Arbeitsbedingungen einschließlich Umsetzung und Kontrolle erforderlicher Maßnahmen auf die Führungskräfte?	●	●	●	

Kriterium	Erfüllung der Anforderungen			Erläuterungen
	keine	teilweise	umfassend	Wie? Welcher Handlungsbedarf?
• Erfolgt eine schriftliche Übertragung der Pflicht zur Erstellung von Betriebsanweisungen auf der Basis der Ergebnisse der Arbeitsbedingungen auf die Führungskräfte?	●	●	●	
• Erfolgt eine schriftliche Übertragung der Pflicht zur jährlichen Unterweisung der Beschäftigten durch die Führungskräfte anhand der Ergebnisse gem. der Beurteilung der Arbeitsbedingungen?	●	●	●	
• Sind eine Fachkraft für Arbeitssicherheit und ein Betriebsarzt bestellt?	●	●	●	
5. Ressourcen bereitstellen				
• Haben die Führungskräfte die erforderlichen zeitlichen Ressourcen für die Durchführung der Beurteilung der Arbeitsbedingungen?	●	●	●	

Kriterium	Erfüllung der Anforderungen			Erläuterungen
	keine	teilweise	umfassend	Wie? Welcher Handlungsbedarf?
• Stehen Fachkraft für Arbeitssicherheit und Betriebsarzt hinreichend Einsatzzeit gem. DGUV 2 zur Beratung bei der Beurteilung der Arbeitsbedingungen zur Verfügung?	●	●	●	
• Werden die erforderlichen Ressourcen für die Umsetzung der erforderlichen Maßnahmen bereitgestellt?	●	●	●	

6. Kommunikation und Zusammenarbeit				
• Werden Fachkraft für Arbeitssicherheit und Betriebsarzt von den Führungskräften bedarfsgerecht und rechtzeitig über Beratungsbedarf zur Beurteilung der Arbeitsbedingungen informiert?	●	●	●	
• Werden die Beschäftigten vor Aufnahme von Tätigkeiten über mit diesen Tätigkeiten verbundene Gefährdungen unterrichtet?	●	●	●	

Kriterium	Erfüllung der Anforderungen			Erläuterungen
	keine	teil-weise	um-fassend	Wie? Welcher Handlungsbedarf?
7. Integration in die betrieblichen Prozesse				
• Ist sichergestellt, dass bei jeder Änderung von Arbeitsbedingungen eine Beurteilung der Arbeitsbedingungen vor Arbeitsaufnahme erfolgt?	●	●	●	
• Ist die Beurteilung der Arbeitsbedingungen von Beginn an in die Prozesse zur Beschaffung von Arbeitsmitteln und Betriebsstoffen integriert?	●	●	●	
• Werden die erforderlichen Arbeitsschutzanforderungen konkret in Anforderungsbeschreibungen zu beschaffender Arbeitsmittel oder Betriebsstoffe aufgenommen?	●	●	●	
• Werden Arbeitsmittel und Betriebsstoffe unter Berücksichtigung der Arbeitsschutzanforderungen ausgewählt und beschafft?	●	●	●	

Kriterium	Erfüllung der Anforderungen			Erläuterungen
	keine	teilweise	umfassend	Wie? Welcher Handlungsbedarf?
• Werden die Ergebnisse der Beurteilung der Arbeitsbedingungen bei der Arbeitsvorbereitung hinreichend berücksichtigt?	●	●	●	

8. Organisation arbeitsschutzspezifischer Prozesse				
• Bestehen Verfahrensregeln und geeignete Hilfsmittel für die Durchführung und Dokumentation der Beurteilung der Arbeitsbedingungen durch die Führungskräfte?	●	●	●	
• Werden von der Führungskraft alle anfallenden Tätigkeiten einschließlich vor- und nachbereitender Tätigkeiten sowie Instandhaltung und Störungsbeseitigung einer Beurteilung der Arbeitsbedingungen unterzogen?	●	●	●	
• Werden von der Führungskraft alle Gefährdungen einschließlich psychischer Belastungen bei der Beurteilung der Arbeitsbedingungen angemessen berücksichtigt?	●	●	●	

Kriterium	Erfüllung der Anforderungen			Erläuterungen
	keine	teilweise	umfassend	Wie? Welcher Handlungsbedarf?
• Werden bei der Beurteilung der Arbeitsbedingungen besonders schutzbedürftige Beschäftigte mit ihren Leistungsvoraussetzungen berücksichtigt?	●	●	●	
• Erfolgt eine Risikobeurteilung mit fachkundiger Beratung durch die Fachkraft für Arbeitssicherheit und ggf. den Betriebsarzt?	●	●	●	
• Ist die Umsetzung der erforderlichen Maßnahmen durch die Führungskräfte systematisch organisiert?	●	●	●	
• Wird die Wirksamkeit der Maßnahmen zeitnah orientiert an Terminen systematisch überprüft?	●	●	●	

Kriterium	Erfüllung der Anforderungen			Erläuterungen
	keine	teilweise	umfassend	Wie? Welcher Handlungsbedarf?
• Wird sichergestellt, dass die Beurteilung der Arbeitsbedingungen aktuell ist?	●	●	●	
• Ist die Dokumentation der Beurteilung der Arbeitsbedingungen zur Steuerung der Maßnahmenumsetzung und der Überprüfung der Wirksamkeit geeignet?	●	●	●	
9. Bewertung von Stand und Entwicklung des betrieblichen Arbeitsschutzes				
• Wird die Beurteilung der Arbeitsbedingungen regelmäßig bei Begehungen eingesehen und überprüft?	●	●	●	
• Werden die Ergebnisse der Beurteilung der Arbeitsbedingungen regelmäßig ausgewertet, um den Stand und die Entwicklung zu erfassen?	●	●	●	

Kriterium	Erfüllung der Anforderungen			Erläuterungen
	keine	teilweise	umfassend	Wie? Welcher Handlungsbedarf?
10. Maßnahmen zur Verbesserung				
• Werden aus den Auswertungen zur Beurteilung der Arbeitsbedingungen Problemschwerpunkte ermittelt und Maßnahmen zur Verbesserung abgeleitet?	●	●	●	
• Werden regelmäßig Schwerpunktprogramme zur Verbesserung der Beurteilung der Arbeitsbedingungen festgelegt und umgesetzt?	●	●	●	
• Werden regelmäßig Schwerpunktprogramme zur Verbesserung der Arbeitsbedingungen festgelegt und umgesetzt?	●	●	●	

Entstehen von Unfällen und arbeitsbedingten Erkrankungen

Die folgende Abbildung[1] dient als ein Erklärungsmodell für das Entstehen von Unfällen und arbeitsbedingten Erkrankungen.

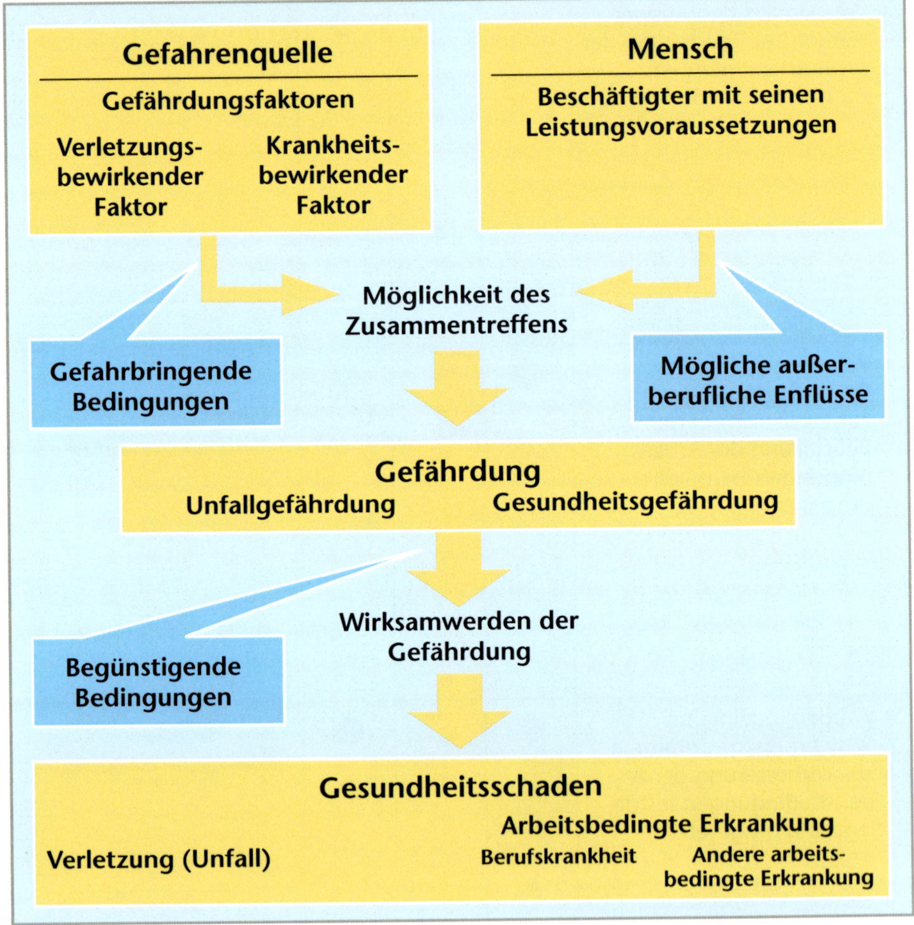

1) Quelle: Ausbildungsunterlagen zur Fachkraft für Arbeitssicherheit, Hrsg.: BAuA und gewerbliche Berufsgenossenschaften, 2014

Unfälle können eintreten, wenn eine Gefahrenquelle mit verletzungsbewirkenden Faktoren existiert und ein Mensch mit dieser Gefahrenquelle zusammentrifft.

Eine Gefahrenquelle ist ein Arbeitssystemelement, z.B. die Maschine. Ein ungeschützt bewegtes Maschinenteil wäre hier z.B. ein verletzungsbewirkender Faktor.
Die fehlende Verkleidung ist eine gefahrbringende Bedingung. Gefahrbringende Bedingungen sind in der Regel vorhersehbar, d.h. bekannt.
Begünstigende Bedingungen sind Situationen, Ereignisse oder Zustände, die dazu beitragen, dass die Gefährdung tatsächlich zu einem Gesundheitsschaden führt. Begünstigende Bedingungen sind oft nicht vorhersehbar. In unserem Beispiel könnte eine technische Störung eine begünstigende Bedingung sein.

Für arbeitsbedingte Erkrankungen (z.B. Berufskrankheiten) muss eine Gefahrenquelle mit krankheitsbewirkenden Faktoren existieren, mit der ein Mensch in Berührung kommt.

So kann z.B. eine Lärm emittierende Maschine als Gefahrenquelle wirken. Der krankheitsbewirkende Faktor wäre der Lärm. Die Schallausbreitung im Arbeitsraum ist die gefahrbringende Bedingung. Außerberufliche Einflüsse können sowohl positive als auch negative Auswirkungen haben. So können z.B. Vorschädigungen des Gehörs die arbeitsbedingte Erkrankung fördern.

Verletzungsbewirkende und krankheitsbewirkende Faktoren werden unter dem Begriff „Gefährdungsfaktoren" zusammengefasst. Eine Übersicht dieser Faktoren befindet sich auf Seite 38/39.

Unfällen und arbeitsbedingten Erkrankungen präventiv vorbeugen

Das Erklärungsmodell zeigt, dass Unfallgefährdungen (verletzungsbewirkende Faktoren und gefahrbringende Bedingungen) unabhängig von Unfällen erkennbar sind. D.h. das Ermitteln (Erkennen) von Gefährdungen ist die Voraussetzung für die Vermeidung von Unfällen.

Das Gleiche gilt für die Vermeidung von arbeitsbedingten Erkrankungen. Durch das Ermitteln arbeitsbedingter Gesundheitsgefährdungen kann präventiv einem Gesundheitsschaden vorgebeugt werden.

Psychische Belastung bei der Arbeit

Psychische Belastung ist „die Gesamtheit aller erfassbaren Einflüsse, die von außen auf den Menschen zukommen und psychisch auf ihn einwirken." [1]) Solche Einflüsse können aus allen Lebensbereichen kommen. Bei der Arbeit sind die Quellen psychischer Belastung insbesondere Arbeitsaufgabe, Arbeitsorganisation, soziale Beziehungen und Arbeitsumgebungsbedingungen, siehe folgende Abbildung. Je nach Gestaltung dieser Quellen können mit ihnen psychische Faktoren verbunden sein. So kann beispielsweise die Arbeitsaufgabe viel Aufmerksamkeit erfordern oder die Arbeitsorganisation gibt sehr enge Zeitvorgaben. Alle Faktoren zusammen führen zu einer psychischen Belastung des Beschäftigten. Sie ist für jeden Beschäftigten, der diese Aufgabe ausführt, gleich.

Die Menschen haben unterschiedliche Leistungsvoraussetzungen (Qualifikation, Motivation, Gesundheitszustand, Training, Erfahrung, Geschlecht, Alter, Konstitution, ...) und sie verfügen über individuelle Bewältigungsstrategien. Abhängig von ihrer Lebenseinstellung (Optimismus, Akzeptanz, Lösungsorientiertheit, Pessimismus, Ängstlichkeit, usw.), ihrem sozialen Umfeld (soziales Netzwerk, schwierige Beziehungsverhältnisse,...) und dem Training ihrer Widerstandfähigkeit (Resilienz) werden sie bei gleicher Arbeitsbelastung unterschiedlich beansprucht.

Die Beanspruchung kann sich daher in jedem Menschen unterschiedlich positiv oder negativ auswirken (z. B. als Herausforderung oder Überforderung). Sie ist von Außenstehenden oft schwer erkennbar oder messbar und wird selbst von den Betroffenen unterschiedlich wahrgenommen.

Positive Beanspruchungsfolgen (Anregung, Freude, ...) tragen zur Gesundheit bei und erhöhen die Arbeitszufriedenheit und die Leistungsfähigkeit.

Negative Beanspruchungsfolgen können kurzzeitig wirken, z.B. während eines Arbeitstages auftreten und nach der Arbeit wieder abklingen (Kurzzeitfolgen) oder über Wochen und Monate anhalten, wobei Langzeitfolgen zu befürchten sind.

Die negativen Beanspruchungsfolgen werden auch als Fehlbeanspruchungsfolgen bezeichnet.
Negative Beanspruchungsfolgen (Kurzzeitfolgen) sind beispielsweise:

- Psychische Ermüdung: Zustand der Erschöpfung und Müdigkeit, der nach längerer Tätigkeitsdauer bzw. erhöhter Schwierigkeit entsteht
- Monotonie: Zustand der Langeweile und Interesselosigkeit, der nach längerer Tätigkeitsdauer mit wellenförmigem Verlauf eintreten kann
- Psychische Sättigung: Zustand unlustbetonter Gereiztheit bei erlebter fehlender Sinnhaftigkeit der Aufgabe
- Stress: Zustand erregt-geängstigter Gespanntheit, innere Unruhe sowie Sorge um Erfüllbarkeit der Aufgabe. Das Aktivitätsniveau ist allgemein erhöht. Erste Anzeichen von krankheitsrelevanten Langzeitfolgen sind erkennbar.

[1]) EN ISO 10075, Teil 1

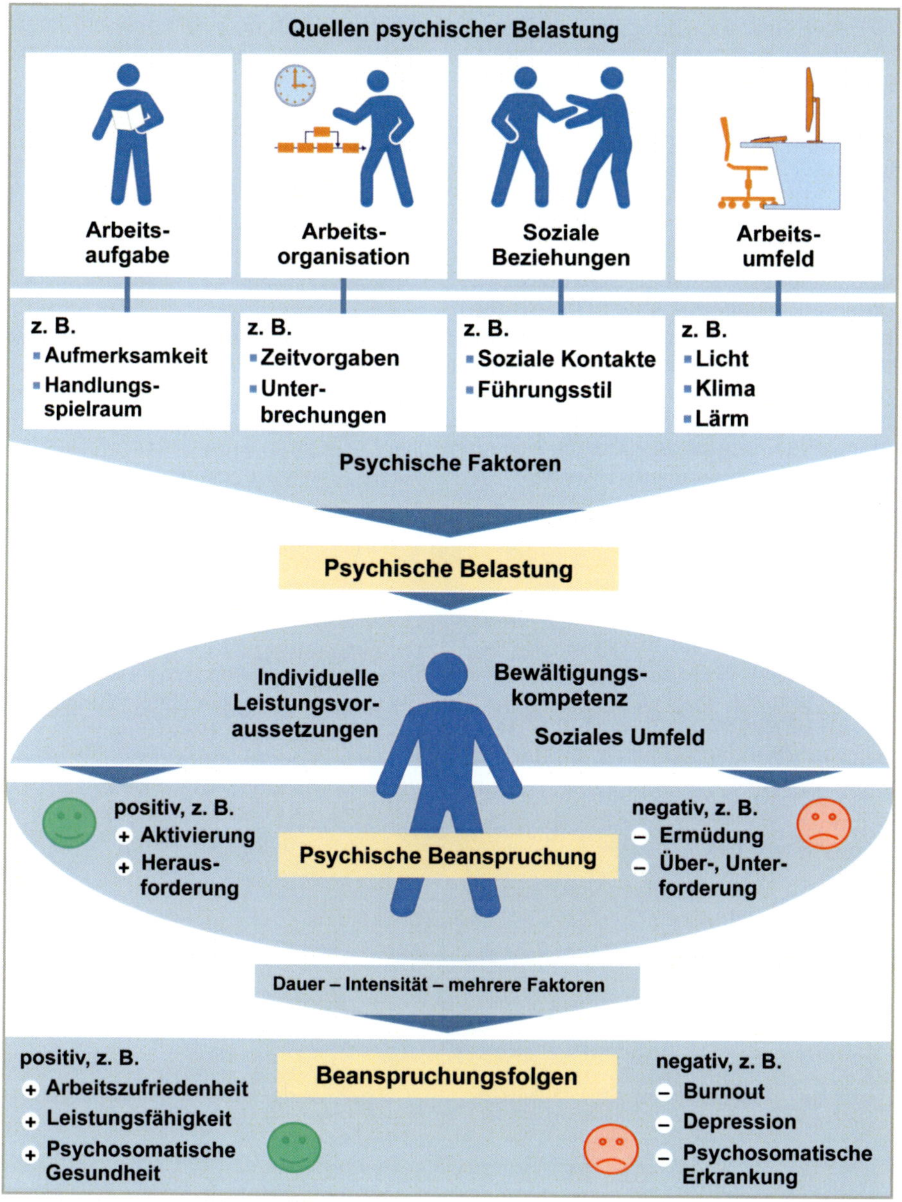

Quellen psychischer Belastung

Arbeitsaufgabe	Arbeitsorganisation	Soziale Beziehungen	Arbeitsumfeld
z. B. ▪ Aufmerksamkeit ▪ Handlungsspielraum	z. B. ▪ Zeitvorgaben ▪ Unterbrechungen	z. B. ▪ Soziale Kontakte ▪ Führungsstil	z. B. ▪ Licht ▪ Klima ▪ Lärm

Psychische Faktoren

Psychische Belastung

Individuelle Leistungsvoraussetzungen

Bewältigungskompetenz

Soziales Umfeld

positiv, z. B.
+ Aktivierung
+ Herausforderung

Psychische Beanspruchung

negativ, z. B.
– Ermüdung
– Über-, Unterforderung

Dauer – Intensität – mehrere Faktoren

positiv, z. B.
+ Arbeitszufriedenheit
+ Leistungsfähigkeit
+ Psychosomatische Gesundheit

Beanspruchungsfolgen

negativ, z. B.
– Burnout
– Depression
– Psychosomatische Erkrankung

1) Quelle: In Anlehnung an Ausbildungsunterlagen zur Fachkraft für Arbeitssicherheit, Hrsg.: BAuA und gewerbliche Berufsgenossenschaften, 2014

Negative Beanspruchungsfolgen (Langzeitfolgen) sind beispielsweise Burnout, Depressionen oder psychosomatische Erkrankungen. Oftmals ist der vorzeitige Ruhestand ein Ergebnis dieser Langzeitfolgen.

Unzureichend gestaltete Arbeitsbedingungen wirken sich somit nicht nur negativ auf die Leistungsfähigkeit der Beschäftigten aus, sondern können längerfristig krank machen. Ziel einer Arbeitsgestaltung sollte es sein, die Arbeitsbedingungen so zu gestalten, dass psychische Belastungen sich möglichst positiv auf die Beschäftigen auswirken und die negativen Wirkungen vermieden werden. Die Beteiligung der Beschäftigten ist eine Voraussetzung zur optimalen Arbeitsgestaltung.

Bei der Beurteilung der Arbeitsbedingungen kommt es darauf an, negativ wirkende psychische Beanspruchung und positive Potenziale möglichst frühzeitig zu erkennen. Hinweise auf psychische Fehlbeanspruchungen können z. B. sein:

- Klagen der Beschäftigten über Belastungen und körperliche Beschwerden am Arbeitsplatz
- Verbesserungsvorschläge von Beschäftigten zu ihrer Arbeit
- sinkende Arbeitsmotivation, schlechtes Betriebsklima, Mobbing, Suchtverhalten
- Kompetenzgerangel, ungenügende Abstimmung, Doppelarbeit
- Mangel an Flexibilität und Einsatzbereitschaft
- Ausfälle durch Fehlzeiten, Krankenstand, Fluktuation
- Ausschuss, Nacharbeiten, Reklamationen
- Nichteinhaltung von Terminen, intern sowie gegenüber Vertragspartnern und Kunden
- viele Überstunden, zusätzlicher zeitlicher und materieller Aufwand
- zu lange Durchlaufzeiten, zu hohe Bestände, zu hohe Gemeinkosten
- Interesse und Begeisterung für eine (neue) Aufgabe

Zur Erhebung belastender Faktoren bei der Arbeit können verschiedene Methoden angewendet werden[2)]. Neben der Mitarbeiterbefragung (Interview, schriftlich), der Beobachtung (Einstufung der Belastungssituation von außen) kommen in der Praxis insbesondere auch Workshops und Gruppeninterviews zum Einsatz.

Die GDA-Empfehlungen zur Umsetzung der Gefährdungsbeurteilung psychischer Belastung enthalten Prozessschritte für die Durchführung der Gefährdungsbeurteilung psychischer Belastung (www.gda-portal.de/de/pdf/Psyche-Umsetzung-GfB.pdf).

2) Gruber, Molnar, Richter, Vanis; Psychische Gesundheit am Arbeitsplatz; Psychische Belastungen – Checklisten für den Einstieg; InfoMedia-Verlag e.K. 5. Auflage, Januar 2016

Methodik der Gefährdungsbeurteilung

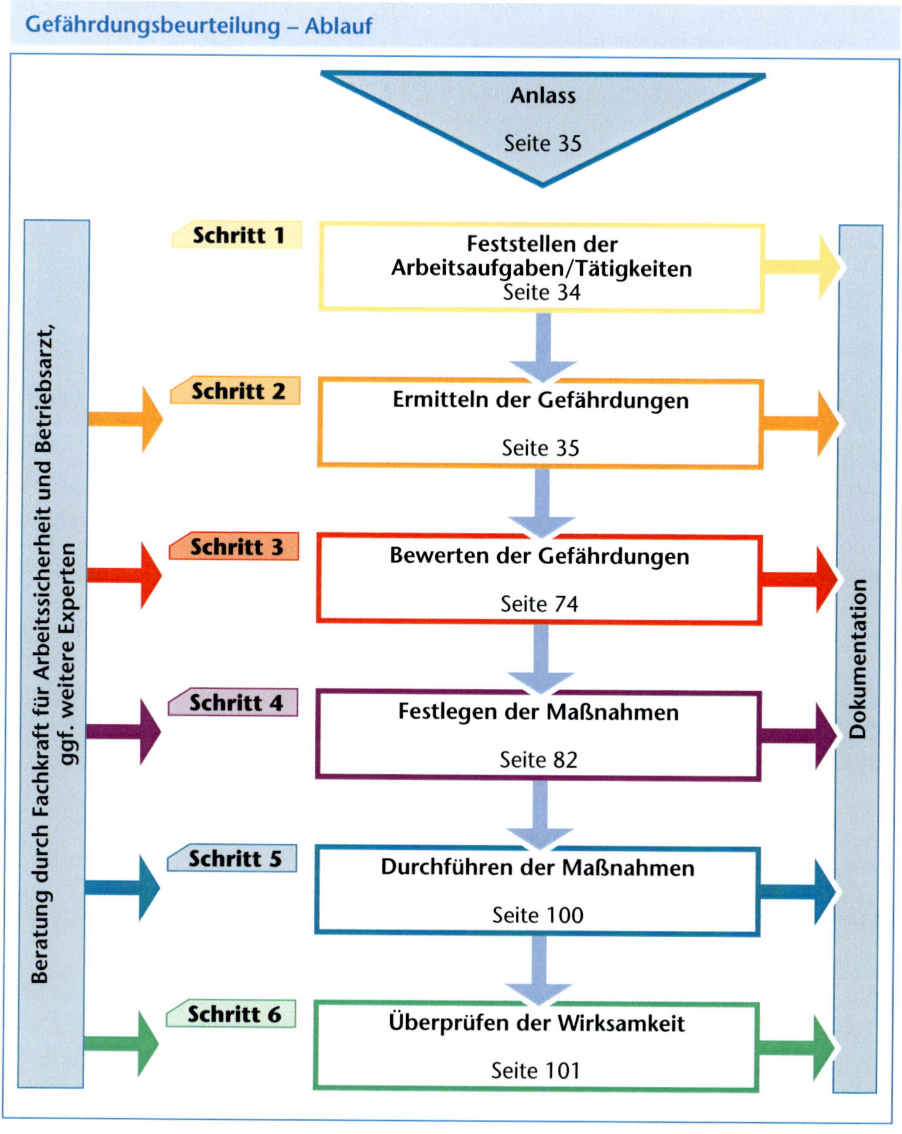

Schritt 1 Feststellen der Arbeitsaufgaben/ Tätigkeiten

Je nach Anlass (siehe S. 7) sind alle betroffenen Tätigkeiten zu ermitteln. Dabei sind neben den produktiven Tätigkeiten auch Vor- und nachbereitende Tätigkeiten, Einrichten, Instandhaltungsarbeiten (Wartung, Prüfung, Instandsetzung, Montage), das Vorgehen bei Betriebsstörungen (Störungsbetrieb, Ursachenermittlung, Störungsbeseitigung) zu berücksichtigen.

Ein Beispiel für die Dokumentation des relevanten Tätigkeitsspektrums ist auf Seite 103 dargestellt.

Zur Beschreibung des Arbeitsablaufs sind Tätigkeiten ggf. in Tätigkeitsschritte aufzugliedern. Dies gilt insbesondere für gefährliche Tätigkeiten, um die Gefährdungen den Tätigkeitsschritten zuordnen und gezieltere Maßnahmen ableiten zu können.

Mehrere ortsfeste Tätigkeiten in einer Betriebsstätte

Werden mehrere ortsfeste Tätigkeiten in einer Arbeitsstätte (z. B. einer Werkstatt) ausgeführt, sollten zunächst die bei allen Tätigkeiten vorkommenden Gefährdungen in der Arbeitsstätte ermittelt werden (z. B. Lärm oder Zugluft). Anschließend sind für jede Tätigkeit die tätigkeitsspezifischen Gefährdungen zu ermitteln.

Nicht ortsfeste Tätigkeiten und gleichartige Tätigkeiten an mehreren Arbeitsplätzen

Nicht ortsfeste Tätigkeiten werden von den Beschäftigten an verschiedenen Orten mit unterschiedlichen und ggf. wechselnden Arbeitsbedingungen ausgeführt. Häufig werden auch gleichartige Tätigkeiten an mehreren Arbeitsplätzen ausgeführt (z. B. Bildschirmarbeit). Für die Gefährdungsbeurteilung bietet sich hier ein zweistufiges Vorgehen an:

1. Muster-Gefährdungsbeurteilung der jeweiligen Tätigkeit mit an den verschiedenen Orten typischerweise zu erwartenden Arbeitsbedingungen
2. Bereitstellung der Mustergefährdungsbeurteilung zur bedarfsgerechten Anpassung an die jeweiligen konkreten Arbeitsbedingungen unter Berücksichtigung ggf. besonderer Personengruppen.

Schritt 2 Ermitteln der Gefährdungen

Für jede Tätigkeit sind alle auftretenden Gefährdungen zu ermitteln, die auf Beschäftigte einwirken können.

Für jede Gefährdung sind 5 Merkmale zu ermitteln:

1. Zuordnen des Gefährdungsfaktors

Die Klassifikation der Gefährdungsfaktoren und der Erkennungsleitfaden auf den Seiten 38ff können hier verwendet werden.

2. Ermitteln der Gefahrenquelle(n)

Die Gefahrenquelle bzw. die Gefahrenquellen, von denen die Gefährdung ausgeht, sind konkret mit ihren besonderen Eigenschaften zu erfassen und zu benennen. Gefahrenquellen können sein:

- Arbeitsaufgabe
- Arbeitsmittel, Arbeitsverfahren, Arbeitsstoffe
- Arbeitsgegenstände (bei Dienstleistungen kann die Gefährdung auch von Menschen ausgehen)
- Arbeitsorganisation, -zeiten und -abläufe
- Arbeitsumgebung
- Wechselwirkungen zwischen Arbeitssystemelementen

Nähere Angaben enthalten u. a. die Betriebsanleitungen zu Arbeitsmitteln oder die Sicherheitsdatenblätter zu Gefahrstoffen.

3. Ermitteln der gefahrbringenden Bedingungen

Gefahrbringende Bedingungen sind die Gegebenheiten, die ein Zusammentreffen eines Gefährdungsfaktors mit dem Menschen ermöglichen, verstärken oder wahrscheinlicher machen. Es sind meist bekannte Bedingungen. Dabei müssen auch Mängel im betrieblichen Arbeitsschutzmanagement aufgedeckt werden, die das Auftreten von Gefährdungen begünstigen (siehe Seite 16ff.).

4. Beachten besonderer Leistungsvoraussetzungen bei den Beschäftigten

Die Leistungsvoraussetzungen sind bei jedem Menschen individuell unterschiedlich. Mit verminderten Leistungsvoraussetzungen ist insbesondere bei besonderen Personengruppen zu rechnen, z. B.

- Jugendliche, Praktikanten, Berufsanfänger, Leiharbeitnehmer, Beschäftigte ohne ausreichende Deutschkenntnisse oder sonstige Personen mit für die Tätigkeit unzureichender Qualifikation oder Erfahrung,
- Menschen mit Behinderungen, werdende oder stillende Mütter, Ältere oder aus sonstigen Gründen vermindert belastbare Beschäftigte.

5. Benennen der konkreten Gefährdung

Wird festgestellt, dass eine Gefährdung vorliegt, ist die Gefährdung als mögliche Einwirkung auf den Menschen konkret zu beschreiben, beispielsweise „Getroffen werden können von herabfallenden Gegenständen".

Ein Beispiel für die Dokumentation der relevanten Gefährdungen ist auf Seite 104 dargestellt.

Ermittlungsmethoden

Ermittlung von „klassischen" Gefährdungen

Für die Ermittlung der Gefährdungen und Belastungen eignen sich je nach Bedarfslage verschiedene Methoden, die auch Wissen und Erfahrungen der Beschäftigten als „Experten vor Ort" ausschöpfen:

- Beobachtung der Tätigkeiten vor Ort durch Begehungen oder teilnehmende Beobachtung
- Beobachtungsinterviews: (Kurz-)Interviews der Beschäftigten zu den gefährlichen oder belastenden Merkmalen ihrer Arbeit oder Vorkommnissen bei ihrer Arbeit
- Moderierte Workshops: Zusammentragen der Gefährdungen und Belastungen einer Tätigkeit in Kleingruppen (Beschäftigte, Führungskraft)
- Standardisierte Mitarbeiterbefragungen
- Auswertung von Dokumentationen zu Vorkommnissen (z.B. Unfallstatistik, Verbandsbuch, Beinaheunfällen, Störungen, Beschwerden, Ausfallzeiten, Fehlzeiten usw.)

Ein Beispiel für die Dokumentation des relevanten Tätigkeitsspektrums ist auf Seite 104 dargestellt.

Ermittlung von psychischen Fehlbeanspruchungen

Es gibt verschiedene Verfahren, um psychische Fehlbeanspruchungen zu ermitteln. Für einen Überblick über Schwachstellen und Stärken in Bezug auf psychische Belastungen reichen orientierende Verfahren (u. a. Einsatz von Checklisten) aus,

Stufenmodell

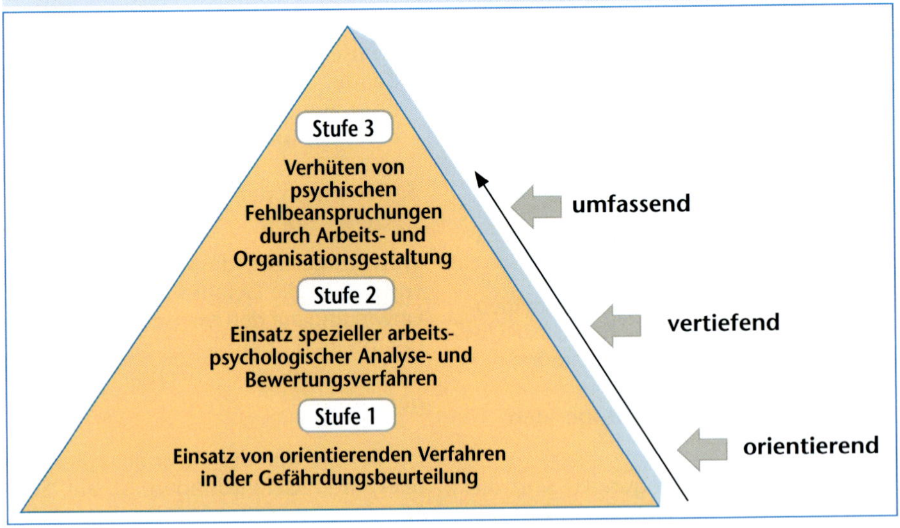

die ohne arbeitspsychologische Vorkenntnisse angewendet werden können. Zeichnet sich nach Einsatz dieser Verfahren und nach dem Ergreifen von Arbeitsgestaltungsmaßnahmen kein Erfolg ab, müssen spezielle Verfahren, eventuell unter Einbeziehung von Spezialisten, eingesetzt werden[1)].

Um einen Arbeitsplatz und die dort zu verrichtenden Tätigkeiten objektiv beurteilen zu können, ist es oft notwendig, den Arbeitsplatz mehrmals aufzusuchen. Diese Notwendigkeit ergibt sich, wenn z. B. im Schichtzyklus gearbeitet wird, häufig unterschiedliche Mengen an Arbeitsmaterial oder Informationen in der gleichen Zeit bearbeitet werden müssen oder Tätigkeiten zeitlich variieren.

Bei der Arbeitsplatzbegehung steht die **Beobachtung** im Vordergrund.

Zur Unterstützung steht der Erkennungsleitfaden (speziell ab der Seite 68) zur Verfügung.

Bei der Beobachtung handelt es sich um eine Fremdeinschätzung. Da in den meisten Fällen der Arbeitsplatzinhaber am besten über die Arbeitsbedingungen an seinem Arbeitsplatz Bescheid weiß, ergänzt eine Selbsteinschätzung häufig die Fremdeinschätzung und deckt zusätzliche Schwachstellen auf. Praktikable Verfahren zur Fremd- und Selbsteinschätzung sind in der angegebenen Literaturstelle aufgeführt.

1) Reihe „Psychische Gesundheit am Arbeitsplatz"; InfoMediaVerlag e. K.; Bochum

Klassifikation der Gefährdungsfaktoren

Nr.	Gefährdungsfaktor				
1.	**Mechanische Gefährdungen**		1.1 ungeschützt bewegte Maschinenteile	1.2 Teile mit gefährlichen Oberflächen	1.3 bewegte Transportmittel, bewegte Arbeitsmittel
2.	**Elektrische Gefährdungen**		2.1 elektrischer Schlag	2.2 Lichtbögen	2.3 elektrostatische Aufladungen
3.	**Gefahrstoffe**		3.1 Gase	3.2 Dämpfe	3.3 Aerosole (z. B. Stäube, Rauche, Nebel)
4.	**Biologische Gefährdungen**		4.1 Infektionsgefährdung durch pathogene Mikroorganismen (z. B. Bakterien, Viren, Pilze)	4.2 sensibilisierende und toxische Wirkungen von Mikroorganismen	
5.	**Brand- und Explosionsgefährdungen**		5.1 brennbare Feststoffe, Flüssigkeiten, Gase	5.2 explosionsfähige Atmosphäre	5.3 Explosivstoffe
6.	**Thermische Gefährdungen**		6.1 heiße Medien/ Oberflächen	6.2 kalte Medien/ Oberflächen	
7.	**Gefährdungen durch spezielle physikalische Einwirkungen**		7.1 Lärm	7.2 Ultraschall, Infraschall	7.3 Ganzkörpervibrationen
8.	**Gefährdungen durch Arbeitsumgebungsbedingungen**		8.1 Klima (z. B. Hitze, Kälte)	8.2 Beleuchtung, Licht	8.3 Ertrinken
9.	**Physische Belastungen**		9.1 schwere dynamische Arbeit	9.2 einseitige dynamische Arbeit	9.3 Haltungsarbeit/ Haltearbeit
10.	**Psychische Faktoren**		10.1 ungenügend gestaltete Arbeitsaufgabe	10.2 ungenügend gestaltete Arbeitsorganisation	10.3 ungenügend gestaltete soziale Bedingungen
11.	**Sonstige Gefährdungen**		11.1 durch Menschen	11.2 durch Tiere	11.3 durch Pflanzen und pflanzliche Produkte

1.4	1.5	1.6		
unkontrolliert bewegte Teile	Sturz, Ausrutschen, Stolpern, Umknicken	Absturz		

3.4	3.5			
Flüssigkeiten	Feststoffe			

7.4	7.5	7.6	7.7	7.8
Hand-Arm-Vibrationen	nicht ionisierende Strahlung (z. B. UV-, IR-, Laserstrahlung)	ionisierende Strahlung (z. B. Röntgen-, Gamma-, Teilchenstrahlung)	elektromagnetische Felder	Unter- oder Überdruck

9.4				
Kombination aus statischer und dynamischer Arbeit				

10.4				
ungenügend gestaltete Arbeitsplatz- und Arbeitsumgebungsbedingungen				

Erkennungsleitfaden für Gefährdungen

Gefährdungsfaktoren Hinweise	Fragen zur Ermittlung des Gefährdungsfaktors und Hinweise zu Maßnahmen	ausgewählte Bezugsquellen

1. Mechanische Gefährdungen

1.1 ungeschützt bewegte Maschinenteile – Quetschstellen – Scherstellen – Stoßstellen – Schneidstellen – Stichstellen – Einzugstellen – Fangstellen	– Sind die Gefahrstellen durch Schutzeinrichtungen gesichert? – Sind die Sicherheitsabstände eingehalten? – Sind vorhandene oder entstehende Gefahrstellen erkennbar? – Sind die vorhandenen mechanischen bzw. elektrischen Verriegelungen aktiv? – Wird verhindert, dass Schutzeinrichtungen umgangen oder außer Betrieb gesetzt werden? – Wird das Entstehen von Gefahrstellen in besonderen Situationen oder Betriebszuständen (z. B. bei Reinigung, Störungsbeseitigung, Werkzeugwechsel) verhindert?	§§ 9-11 BetrSichV, TRBS 2111, ASR A1.7, 9. ProdSV, DGUV Vorschrift 1, DGUV Regel 100-501, DIN EN 349, DIN EN 574, DIN EN 981, DIN EN ISO 12100, DIN EN ISO 13849-1, DIN EN ISO 13 855, DIN EN ISO 13 857, DIN EN ISO 14120, DIN EN 60 204-1, DIN EN 61 496-1, DIN 4844-1, DIN 4844-2
1.2 Teile mit gefährlichen Oberflächen – Ecken, Kanten – Spitzen, Schneiden – Rauigkeit	– Ist der Kontakt zu scharfkantigen, spitzen oder rauen Teilen verhindert (durch Nutzung technischer Hilfsmittel, trennende Schutzeinrichtungen, ausreichende Bewegungsräume am Arbeitsplatz, ausreichende Wahrnehmbarkeit, PSA)? – Bestehen lichtdurchlässige Flächen von Türen aus bruchsicherem Werkstoff?	§§ 9-11 BetrSichV, TRBS 2111, Anh. Nr. 1.7 ArbStättV, ASR A1.6, ASR A1.7, 9. ProdSV, DGUV Vorschrift 1, DGUV Regel 112-195,

1.3 bewegte Transportmittel, bewegte Arbeitsmittel – Anfahren, Aufprallen – Überfahren – Umkippen – Abstürzen – falsch bemessene und schlecht gekennzeichnete Verkehrswege	– Ist die Tragfähigkeit des Transportmittels eingehalten? – Ist die Kippsicherheit sowie uneingeschränkte Fahrersicht bei jedem Ladegut gewährleistet? – Sind die Transportwege freigehalten und gekennzeichnet? – Sind Verkehrswege so bemessen und ggf. gekennzeichnet, dass die notwendige Sicherheit für Benutzer und angrenzende Arbeitsbereiche gewährleistet ist? – Werden Verkehrswege für Fahrzeuge mind. in einem Abstand von 1,00 m an Türen, Toren und Durchgängen usw. vorbeigeführt? – Wurden die Wege für Fahrzeuge so breit angelegt, dass beidseitig ein Sicherheitsabstand von mind. 0,50 m zu den Begrenzungen vorhanden ist? – Sind die Begrenzungen der Verkehrswege in Arbeits- und Lagerräumen deutlich erkennbar, und sind sie in Räumen >1000 m^2 Grundfläche gekennzeichnet? – Sind Fahrzeuge in verkehrs- und betriebssicherem Zustand? – Werden Stürze auf/von dem Transportmittel vermieden? – Werden nur geeignete, ausgebildete Personen zum Führen von Transportmitteln eingesetzt?	§ 9 und Anh. 1 BetrSichV, TRBS 2111-1, BekBS 2111, Anh. Nr. 1.8, 1.10, ArbStättV, ASR A1.3, ASR A1.8, 9. ProdSV, DGUV Vorschrift 1, DGUV Vorschrift 52, DGUV Vorschrift 69, DGUV Vorschrift 70, StVZO
1.4 unkontrolliert bewegte Teile – kippende, pendelnde Teile	– Wurde verhindert, dass Arbeitsgegenstände, Arbeitsmittel oder Teile auf Grund ihrer instabilen oder ungünstigen Schwerpunktlage kippen und damit Personen verletzen können (z. B. durch Anfahrschutz, Wegefreiheit, ebene Fahrwege, Kippsicherungen)?	§ 9 BetrSichV, TRBS 2111, 9. ProdSV, ASR A1.7, DGUV Vorschrift 1,
– rollende, gleitende Teile	– Sind sicherheitstechnische Mittel, die ein Rollen oder Gleiten verhindern bzw. die rollende oder gleitende Teile auffangen können, vorhanden und ausreichend wirksam (z. B. durch Anfahrschutz, Wegrollsicherungen, wie Keile, Stützen)?	DGUV Vorschrift 38 BetrSichV,
– herabfallende oder sich lösende, berstende und wegfliegende Teile	– Werden Arbeitsmaterial und Werkzeuge sicher gelagert bzw. abgelegt? – Sind Ladungen gesichert? – Kann Transportgut sicher befördert werden? – Sind die verwendeten Lastaufnahmeeinrichtungen geeignet?	§ 9 BetrSichV, TRBS 2141, Anh. Nr. 2.1, 5.2 ArbStättV,

noch 1.4	– Sind Schutzeinrichtungen (z. B. Auffangvorrichtungen, Schutzwände) vorhanden und ausreichend wirksam?	ASR A2.1, DGUV Regel 112-193, DGUV Regel 100-501, DIN 4420-1,
– unter Druck austretende Medien	– Werden Gefährdungen durch austretende, unter Druck stehende Medien verhindert?	§§ 6, 8, 9 und Anh. 1 BetrSichV, TRBS 2141, TRBS 2141-1, TRBS 2141-2, TRBS 2141-3, DIN EN ISO 12100
1.5 Sturz, Ausrutschen, Stolpern, Umknicken – Verunreinigungen (Öl, Fett u.Ä.) – nasse Trittflächen – witterungsbedingte Glätte – Unebenheiten, Höhenunterschiede – herumliegende Teile – unzureichende Form und Größe der Trittfläche	– Sind die Transportwege und Arbeitsflächen trittsicher und nicht eingeengt oder verstellt? – Wurden Kabel und Leitungen vorschriftsmäßig verlegt? – Sind Gitterroste gegen Abheben und Verschieben gesichert? – Sind Trittflächen in Form und Größe so gewählt, dass ein Fehltreten vermieden wird? – Sind unvermeidbare Sturzgefährdungen gekennzeichnet (z. B. durch entsprechende Beleuchtung, Farbe, Hinweisschilder)?	§§ 6, 9 BetrSichV, § 4 und Anh. Nr. 1.5, 5.1, 5.2 ArbStättV, ASR A1.5/1,2, DGUV Vorschrift 1, DGUV Regel 108-003, DGUV Regel 112-191, DGUV Information 208-007, DIN EN ISO 13287, DIN 51 097, DIN 51 130, DIN 51 131
1.6 Absturz – unzureichende Standsicherheit – unzureichende Tragfähigkeit – ungesicherte Absturzkanten – ungesicherte Öffnungen	– Ist die Standsicherheit des hochgelegenen Arbeitsplatzes/des Zuganges gewährleistet (tragfähiger Untergrund, Verankerung, stabile Schwerpunktlage, funktionsfähige Feststelleinrichtungen, Berücksichtigung äußerer Einwirkungen usw.)? – Ist die Tragfähigkeit des hochgelegenen Arbeitsplatzes/des Zuganges gewährleistet (richtige Bemessung, Bau/Aufbau nach Herstellerangaben, Sichtprüfung auf Verschleiß/	§ 9 und Anh. 1 BetrSichV, TRBS 2121, TRBS 2121-1, TRBS 2121-2, TRBS 2121-3, TRBS 2121-4,

noch 1.6		
– ungeeignete Zugänge – Witterungsverhältnisse	Korrosion, Einhalten der Belastungsgrenzwerte usw.)? – Ist der sichere Zugang zum hochgelegenen Arbeitsplatz gewährleistet (z. B. Treppentürme, Treppen, Laufstege, Steigleitern)? – Haben hochgelegene Arbeitsplätze/Zugänge Absturzsicherungen (z. B. Geländer, Abdeckungen), die verhindern, dass Personen abstürzen können? – Sind die Absturzsicherungen so ausgeführt und bemessen, dass sie die zu erwartenden Kräfte aufnehmen und ableiten können? – Sind die Absturzsicherungen so gestaltet, dass Personen nicht hindurchfallen können? – Haben Arbeitsplätze oder Verkehrswege an oder über Wasser oder anderen festen oder flüssigen Stoffen, in denen man versinken kann, unabhängig von der Absturzhöhe Absturzsicherungen, die verhindern, dass Personen hineinfallen können? – Werden bei Bauarbeiten Absturzsicherungen verwendet: • ab 1 m Absturzhöhe an freiliegenden Treppenläufen und -absätzen, Wandöffnungen und Bedienungsständen von Maschinen und deren Zugängen, • ab 2 m Absturzhöhe an allen übrigen Arbeitsplätzen und Verkehrswegen mit nachfolgend genannten Ausnahmen: – ab 3 m Absturzhöhe an Arbeitsplätzen und Verkehrswegen auf Dächern und – ab 5 m Absturzhöhe beim Mauern über die Hand und bei Arbeiten an Fenstern (z. B. Reinigungs- und Malerarbeiten, nicht Ein- und Ausbau)? – Werden Hubarbeitsbühnen standsicher aufgestellt, geprüft und vorschriftsmäßig betrieben? – Sind vorhandene Boden- oder Deckenöffnungen durch Absturzsicherungen gesichert? – Ist bei hochgelegenen Arbeitsplätzen, die eine Absturzsicherung nicht zulassen, gesichert, dass der Schutz vor Absturz auf andere Weise gewährleistet wird (z. B. durch PSA gegen Absturz)? – Werden Arbeiten auf hochgelegenen Arbeitsplätzen nur dann ausgeführt, wenn die Witterungsverhältnisse (z. B. Schnee, Glätte, Wind) die Sicherheit der Beschäftigten nicht beeinträchtigen?	Anh. Nr. 1.6, 2.1, 1.10, 1.11, 5.1, 5.2 ArbStättV, ASR A2.1, 9. ProdSV, DGUV Vorschrift 1, DGUV Vorschrift 38, DGUV Grundsatz 312-906, DGUV Grundsatz 308-002, DGUV Regel 101-011, DGUV Regel 112-198, DGUV Information 209-003, DGUV Information 208-005, DGUV Information 201-011, DGUV Information 208-016, DGUV Information 203-047, DGUV Information 203-058, DIN EN ISO 14 122-1 bis -3, DIN EN 353-1, DIN EN 353-2, DIN EN 354, DIN EN 355, DIN EN 358, DIN EN 360, DIN EN 361, DIN EN 363, DIN EN 1263-1, DIN EN 1263-2, DIN 4420-1 und -3

2. Elektrische Gefährdungen

2.1 elektrischer Schlag – Berühren unter Spannung stehender Teile – Berühren leitfähiger Teile, die im Fehlerfall unter Spannung stehen	– Sind die Arbeitsmittel entsprechend den Betriebsbedingungen und den äußeren Einflüssen ausgewählt (z. B. IP-Schutzarten, mechanischer Schutz)? – Werden die elektrischen Arbeitsmittel bestimmungsgemäß verwendet? – Ist der Basisschutz (Schutz gegen direktes Berühren) vorhanden und ausreichend (Isolierung, Abdeckung, sicherer Abstand)? – Ist der Fehlerschutz (Schutz bei indirektem Berühren) durchgeführt und wirksam (z. B. Schutz durch Abschaltung oder Meldung, Schutzisolierung)? – Ist der Zusatzschutz (Ergänzung der Schutzmaßnahmen gegen direktes Berühren bei Basis- und Fehlerschutzversagen), wenn erforderlich, vorhanden und wirksam (Fehlerstromschutzeinrichtung (RCD) $I_{\Delta N} \leq 30$ mA)? – Sind die geforderten Schutzmaßnahmen bei erhöhter elektrischer Gefährdung (Kleinspannung mittels SELV oder PELV, Schutztrennung, Fehlerstromschutzeinrichtung (RCD) $I_{\Delta N} \leq 30$ mA) angewendet und wirksam? – Werden Arbeiten an aktiven Teilen erst nach Sicherstellen des spannungsfreien Zustandes durchgeführt (Freischalten, gegen Wiedereinschalten sichern, Spannungsfreiheit feststellen, Erden und Kurzschließen, benachbarte unter Spannung stehende Teile abdecken oder abschranken)? – Werden Arbeiten an aktiven Teilen, deren spannungsfreier Zustand nicht sichergestellt werden kann, nur nach sicheren Verfahren durchgeführt (siehe TRBS 2131-1, DIN VDE 0105-100, Abschnitt 6.3)? – Werden bei Arbeiten in der Nähe unter Spannung stehender Anlagen die festgelegten Sicherheitsabstände eingehalten? – Wird bei Arbeiten in der Nähe aktiver Teile (wenn Sicherheitsabstände nicht eingehalten werden können) eine der folgenden Schutzmaßnahmen angewendet: Sicherstellen des spannungsfreien Zustandes oder Schutz gegen zufälliges Berühren durch isolierende Umhüllung, Kapselung, Abdeckung oder sonstige Schutzvorrichtungen?	§ 8 BetrSichV, TRBS 1203, 9. ProdSV, Anh. Nr. 1.4, 5.2 ArbStättV, DGUV Vorschrift 3, DGUV Information 203-001, DGUV Information 203-002, DGUV Information 203-004, DGUV Information 203-005, DGUV Information 203-006, DGUV Information 203-034, DGUV Information 203-070, DIN VDE 0105-100, DIN VDE 0132, DIN V VDE V 0166, DIN VDE 0701/0702, DIN EN 50 191, DIN EN 50 522, DIN EN 60 079-1, DIN EN 60 204-1, DIN EN 62 841-1, DIN EN 61 990, DIN EN 61 936-1

noch 2.1	– Werden bei der Bereitstellung und Benutzung von elektrischen Arbeitsmitteln (z. B. Schalt- und Verteileranlagen, Leitungsroller, handgeführte Elektrowerkzeuge, Leuchten) auf Bau- und Montagestellen, die besonderen Umgebungsbedingungen berücksichtigt? – Werden zur Versorgung elektrischer Anlagen und Betriebsmittel auf Bau- und Montagestellen nur Stromkreise benutzt, die durch Schaltgeräte freigeschaltet werden können? – Werden Arbeitsmittel nur aus zugeordneten Speisepunkten (z. B. Baustromverteiler, Ersatzstromerzeuger, Transformatoren mit getrennten Wicklungen) betrieben? – Werden auf Bau- und Montagestellen nur bewegliche Gummischlauchleitungen vom Typ H07RN-F oder mindestens gleichwertiger Bauart benutzt? **Hinweis:** Handgeführte elektrische Arbeitsmittel mit Anschlussleitungen bis 4 m dürfen auch mit Gummischlauchleitungen von Typ H05RN-F benutzt werden. – Ist sichergestellt, dass die Prüfungen von elektrischen Anlagen und Betriebsmitteln vor Inbetriebnahme, nach Reparaturen und in regelmäßigen Zeitabständen durchgeführt werden? – Ist sichergestellt, dass nur Personen an elektrischen Anlagen arbeiten, die auf Grund fachlicher Ausbildung, Kenntnis und Erfahrung die auftretenden elektrischen Gefährdungen erkennen und erforderliche Arbeitsschutzmaßnahmen treffen können?	
2.2 Lichtbögen – Kurzschlüsse – Schalthandlungen unter Last – keine geeigneten Messgeräte	siehe 2.1. – Wird bei Schalthandlung unter Last PSA benutzt? – Werden beim Ziehen von NH-Sicherungen PSA benutzt (falls erforderlich)? – Werden geeignete Messgeräte verwendet (Cat III, Cat IV)?	siehe 2.1

2.3 elektrostatische Aufladungen – Funkenbildung bei mechanischer Ladungstrennung – prozessbedingtes Auftreten, z. B. beim Zerkleinern, Versprühen, Zerstäuben, Strömen, Fördern, Abfüllen, Trennen und Reiben – Funkenbildung bei Entladung von elektrostatisch aufgeladenen Personen	– Wird abgesichert, dass keine zündfähigen Entladungen auftreten können? – Werden gefährliche Aufladungen vorbeugend vermieden oder gefahrlos abgeleitet? – Sind Anlagenteile und Einrichtungen so beschaffen, dass durch sie eine explosionsfähige Atmosphäre nicht gezündet werden kann? – Sind sicherheitsrelevante Steuerungen so beschaffen, dass sie durch elektrostatisch aufgeladene Benutzer nicht beeinträchtigt werden? – Sind alle leitfähigen Ausrüstungsteile miteinander verbunden und geerdet (Potenzialausgleich)? – Benutzen die Beschäftigten leitfähige Kleidungsstücke und Sicherheitsschuhe mit leitfähiger Sohle? – Ist der Fußboden ausreichend leitfähig?	§ 8 BetrSichV, 9. ProdSV, GefStoffV, ArbStättV, ASR A1.3, ASR A2.2, DGUV Vorschrift 1, DGUV Regel 100-501, DGUV Information 205-001, DGUV Information 209-052, DIN EN 50 050 -1 bis -3, DIN EN 50 176, DIN EN 50 177

3. Gefahrstoffe

3.1 Gase **3.2 Dämpfe** **3.3 Aerosole (z. B. Stäube, Rauche, Nebel)** **3.4 Flüssigkeiten** **3.5 Feststoffe** – Gefährdung durch Einatmen – Gefährdung durch Verschlucken – Gefährdung durch Einwirkung auf Schleimhäute (Augen) – Gefährdung durch Einwirkung auf Haut • Nässe • starke Verschmutzung • abrasive Hautreinigung • Kühlschmierstoffe • Säuren, Laugen • Lösungsmittel • Öle, Fette • hautreizende und sensibilisierende Stoffe • Hautaustrocknung	– Wurde geprüft, ob Beschäftigte Tätigkeiten mit Gefahrstoffen durchführen oder ob Gefahrstoffe bei diesen Tätigkeiten entstehen oder freigesetzt werden? – Wurde geprüft, ob verfahrensbedingt Gefahrstoffe entstehen können? – Wurde geprüft, ob Gefahrstoffe durch Anwendung anderer Verfahren vermieden oder durch andere Arbeitsstoffe ersetzt werden können? – Sind für gefährliche Stoffe und Zubereitungen Sicherheitsdatenblätter vorhanden? – Wurde ein Gefahrstoffverzeichnis erstellt? – Sind gefährliche Stoffe und Zubereitungen gekennzeichnet? – Wurden die Schutzmaßnahmen entsprechend der ermittelten Gefährdung festgelegt: • Grundpflichten bei der Durchführung von Schutzmaßnahmen (§ 7) • allgemeine Schutzmaßnahmen, bei geringer Gefährdung und „normaler" Gefährdung (§ 8) • zusätzliche Schutzmaßnahmen bei „erhöhter" Gefährdung (§ 9) • besondere Schutzmaßnahmen bei Tätigkeiten mit krebserzeugenden, erbgutverändernden und fruchtbarkeitsgefährdenden Gefahrstoffen der Kategorie 1 oder 2 (§ 10) – Wurden ergänzende Schutzmaßnahmen gegen physikalisch-chemische Einwirkungen, insbesondere gegen Brand- und Explosionsgefahren ergriffen? – Sind Beschäftigte im Arbeitsbereich und in Nachbarbereichen geschützt (geschlossene Anlagen, Absaugungen, Lüftung, ggf. PSA, Expositionszeitbeschränkung) und über Gefährdung und Schutzmaßnahmen beim Umgang mit den Stoffen informiert (Betriebsanweisung, Unterweisung)? – Ist eine Messung der gefährlichen Stoffe in der Luft veranlasst worden (sichere Einhaltung der Arbeitsplatzgrenzwerte)? – Werden Gefahrstoffe sicher gelagert und entsorgt? – Wurden Maßnahmen gegen Betriebsstörungen und Unfälle, die mit hohen Gefahrstoffkonzentrationen verbunden sein können, getroffen?	ArbMedVV, GefStoffV, § 4 (2) und Anh. Nr. 5.1, 5.2 ArbStättV, 9. ProdSV, PSA-BV, DGUV Vorschrift 1, DGUV Regel 109-003, DGUV Regel 112-190, DGUV Regel 112-195, DGUV Regel 100-501, DGUV Information 209-009, DGUV Information 209-014, DGUV Information 209-020, DGUV Information 209-022, DGUV Information 213-850, DGUV Information 212-017, TRGS 400, TRGS 401, TRGS 402, TRGS 420, TRGS 500, TRGS 510, TRGS 528, TRGS 553, TRGS 555, TRGS 600, TRGS 611, TRGS 900, TRBA/TRGS 406

noch 3.1 bis 3.5 – Arbeiten im feuchten Milieu	– Werden Arbeitsstätten den hygienischen Anforderungen entsprechend gereinigt? – Werden die vorgeschriebenen Hygienemaßnahmen (Rauch-, Ess- und Trinkverbot) beim Umgang mit Gefahrstoffen eingehalten? – Ist den Beschäftigten die Wirkung der eingesetzten Stoffe auf Haut und Körper bekannt? – Stehen geeignete Hautschutz-, Hautreinigungs- und Hautpflegemittel den Beschäftigten zur Verfügung und werden diese benutzt? – Sind in der Nähe der Arbeitsplätze an gut sichtbarer Stelle tätigkeitsbezogene Hautschutzpläne ausgehängt? – Wurde geprüft, ob bei Tätigkeiten mit Gefahrstoffen nach ArbMedVV (Anhang, Teil 1) Vorsorgeuntersuchungen notwendig sind? – Wird verhindert, dass Beschäftigte mit ihren Händen einen erheblichen Anteil ihrer Arbeitszeit (1/4 der Schichtdauer, ca. 2 Std.) Arbeiten im feuchten Milieu ausführen? – Wird die Tragedauer von flüssigkeitsdichten Handschuhen auf das notwendige Maß begrenzt (maximale kontinuierliche Tragedauer 4 Std.)?	

4. Biologische Gefährdungen

4.1 Infektionsgefährdung durch pathogene Mikroorganismen (z. B. Bakterien, Viren, Pilze) – Infektion durch Umgang mit infizierten oder kontaminierten Materialien, Menschen oder Tieren	– Können Beschäftigte bei ihrer Tätigkeit beabsichtigt oder unbeabsichtigt mit krankheitserregenden Biostoffen in Berührung kommen (z. B. bei Tätigkeiten im Bereich Biotechnologie, in Krankenhäusern, in der Landwirtschaft, in der Abwasser- oder Abfallwirtschaft)? – Wurde geprüft, ob die gefährlichen Biostoffe durch nicht oder weniger gefährliche Stoffe ersetzt werden können? – Liegt eine Einstufung des Gefährdungspotenzials der Biostoffe vor und sind die erforderlichen Schutzmaßnahmen umgesetzt: • Einhaltung der allgemeinen Hygieneregeln und • Einhaltung der Rangfolge der Schutzmaßnahmen: 1. Frei werden von Biostoffen vermeiden, 2. Sichere Arbeitsverfahren, Begrenzung der Anzahl der Exponierten, Exposition der Beschäftigten durch geeignete Maßnahmen auf ein Minimum reduzieren, 3. zusätzliche PSA zur Verfügung stellen, wenn die o. g. Maßnahmen nicht ausreichen. – Werden Arbeitsstätten den hygienischen Anforderungen entsprechend gereinigt? – Sind entsprechend der Schutzstufen die erforderlichen Maßnahmen festgelegt, die bei Betriebsstörungen, Unfällen oder Notfällen notwendig sind? – Wurde geprüft, ob bei Tätigkeiten mit Biostoffen nach ArbMedVV (Anhang, Teil 2) Vorsorgeuntersuchungen notwendig sind? – Werden Schutzimpfungen veranlasst, wenn ein Aufenthalt in tropischen und subtropischen Gebieten vorgesehen ist?	IfSG, TierGesG, BioStoffV, Anh. 2 Nr. 2.2 BetrSichV, ArbStättV, ArbMedVV, TRBA 100, TRBA 120, TRBA 212, TRBA 213, TRBA 214, TRBA 220, TRBA 230, TRBA 240, TRBA 250, TRBA 400, TRBA 405, TRBA 500, TRBA/TRGS 406, DGUV Vorschrift 1, DGUV Vorschrift 21, DGUV Regel 100-501, DGUV Information 209-051, DGUV Information 209-054, DGUV Information 213-850, LV 23: Leitlinien zu Tätigkeiten mit Biostoffen
4.2 sensibilisierende und toxische Wirkungen von Mikroorganismen – Gefährdung durch Einatmen – Gefährdung durch Verschlucken – Gefährdung durch Hautkontakt	– Werden Staub- oder Nebelentwicklung, Schimmelbildung, Bildung von Faulgasen (vor allem in wässrigen Systemen, z. B. wassergemischten Kühlschmierstoffen, Lackabscheidewänden) verhindert? – Werden nur Geräte zur Luftbefeuchtung eingesetzt, die keine Schmutz- oder Schimmelbeläge, Staub- oder Schlammablagerungen aufweisen?	ArbMedVV, BioStoffV, Anh. 2 Nr. 2.2 BetrSichV, DGUV Information 209-051, DGUV Information 209-054, TRBA 500

5. Brand- und Explosionsgefährdungen

5.1 brennbare Feststoffe, Flüssigkeiten, Gase – Brandentstehung – Brandausbreitung	– Wurde geprüft, ob leicht entzündliche oder selbstentzündliche Stoffe am Arbeitsplatz vorhanden sind? – Werden maximal nur so viele dieser Stoffe am Arbeitsplatz gelagert, wie für den Fortgang der Arbeiten erforderlich sind? – Wird gewährleistet, dass diese Stoffe nicht mit Zündquellen in Berührung kommen? – Sind feuergefährdete Bereiche deutlich erkennbar und dauerhaft gekennzeichnet? – Sind für alle Räume, je nach Brandgefährdung und Größe, die erforderlichen Feuerlöscheinrichtungen vorhanden, geprüft, gekennzeichnet sowie leicht zugänglich? – Sind die Beschäftigten in der Handhabung der Feuerlöscheinrichtungen unterwiesen? – Besteht für den Brandfall ein Alarmplan und sind die Beschäftigten mit den notwendigen Maßnahmen und Verhaltensregeln vertraut?	9. ProdSV, § 4 u. Anh. Nr. 2.2, 5.2 ArbStättV, ASR A1.3, ASR A2.2, GefStoffV, DGUV Vorschrift 1, DGUV Regel 105-001, DGUV Regel 100-501, DGUV Information 209-014, DGUV Information 205-001, DGUV Information 205-002, DGUV Information 209-046, DIN 4102-1, DIN EN ISO 19 353
5.2 explosionsfähige Atmosphäre – durch Gase – durch Dämpfe und Nebel – durch Stäube	– Wurde geprüft, ob brennbare Stoffe in Form von Gasen, Dämpfen (z. B. Lösemitteldämpfe), Nebeln oder Stäuben (z. B. Metallstäube) vorhanden sind und ob daraus durch ausreichende Verteilung in der Luft ein explosionsfähiges Gemisch entstehen kann? – Wurden Maßnahmen festgelegt, die: 1. die Bildung explosionsfähiger Atmosphäre in Gefahr drohender Menge verhindern oder einschränken, z. B.: • Vermeiden (Ersatz) von Stoffen, die explosionsfähige Gemische zu bilden vermögen • Konzentrationsbegrenzung • Inertisierung • Lüftungsmaßnahmen • Überwachung der Konzentration • Maßnahmen zur Beseitigung von Staubablagerungen	Anh. Nr. 1.4 ArbStättV, TRBS 2152-1/ TRGS 721, TRBS 2152-2/ TRGS 722, TRBS 2152-3, TRBS 2152-4, VDI 2263,

noch 5.2	2. die Entzündung dieser explosionsfähigen Atmosphäre verhindern, z. B.: • Zoneneinteilung explosionsgefährdeter Bereiche (Zone 0, 1, 2 bzw. 20, 21, 22) • Vermeiden von Zündquellen • Ermittlung möglicher Zündquellenarten • Festlegung von Schutzmaßnahmen 3. die Auswirkungen einer Explosion auf ein unbedenkliches Maß beschränken, z. B.: • explosionsfeste Bauweise • Explosionsdruckentlastung • Explosionsunterdrückung • Verhinderung der Flammen und Explosionsübertragung • flammendurchschlagsichere Einrichtungen für Gase, Dämpfe und Nebel • Entkopplungseinrichtungen für Stäube 4. welche die bisher genannten Maßnahmen durch Sicherheits-, Kontroll- und Regelvorrichtungen (Prozessleittechnik) aufrechterhalten? – Werden nur solche Arbeitsmittel in explosionsgefährdeten Bereichen eingesetzt, die unter den tatsächlichen Betriebs- und Einsatzbedingungen dazu geeignet sind (u.a. Gerätekategorie beachten)? – Sind die explosionsgefährdeten Bereiche deutlich erkennbar und dauerhaft gekennzeichnet? – Wurde ein Explosionsschutzdokument erstellt und wird es aktualisiert? – Existiert ein Arbeitsfreigabesystem (z. B. Freigabeschein bei notwendigen Instandhaltungsarbeiten)? – Werden die Explosionsschutzmaßnahmen in regelmäßigen Abständen durch befähigte Personen auf ihre Wirksamkeit überprüft? – Sind zusätzlich notwendige organisatorische Maßnahmen des Explosionsschutzes ergriffen (Betriebsanweisungen, Qualifikation und Unterweisung der Beschäftigten)? – Werden notwendige Koordinierungspflichten beim Einsatz voneinander unabhängiger Personen in explosionsgefährdeten Bereichen wahrgenommen (z. B. Koordinator bei Fremdfirmeneinsatz)?	VDI 3673-1, DIN EN 1127-1, DIN EN 1539, DIN EN IS 80 079, DIN EN 50 281-2/1, DIN EN 60 079-1

5.3 Explosivstoffe – Sprengstoffe – Sprengzubehör – pyrotechnische Artikel	– Werden Sicherheitsmaßnahmen beim Umgang mit explosionsgefährlichen Stoffen ergriffen? – Ist die Verwendung von Sprengstoffen genehmigt worden? – Werden nur zugelassene Sprengstoffe und Sprengzubehör eingeführt bzw. verwendet? – Haben nur fachkundige und beauftragte Personen Umgang mit diesen Stoffen? – Sind alle Sicherheitsbestimmungen (z. B. Einrichtung von Betriebsanlagen, Schutzabstände) eingehalten? – Sind Spreng- und Zündpläne vorhanden? – Wird bei Arbeiten an Airbag- und Gurtstraffereinheiten sichergestellt, dass es zu keiner ungewollten Zündung kommen kann?	SprengG, DGUV Regel 100-501

6. Thermische Gefährdungen

6.1 heiße Medien/Oberflächen – offene Flammen – heiße Oberflächen von Arbeitsmitteln, Werkstücken, Werkzeugen, Brennöfen, Rohrleitungen – heiße Flüssigkeiten – Heißdampf – Spritzer von heißen Materialien	– Ist der Kontakt zu heißen Medien (z. B. durch Verwendung geschlossener Systeme für heiße Medien, Isolierungen, trennende Schutzeinrichtungen) verhindert? – Sind erforderliche Kennzeichnungen vorhanden?	§ 9 BetrSichV, TRBS 2141, TRBS 2141-1, TRBS 2141-2, TRBS 2141-3, 9. ProdSV, DGUV Vorschrift 1
6.2 kalte Medien/Oberflächen – Kälte- und Kühlmittel – kalte Rohrleitungen, Metallteile – kalte Arbeitsmittel	– Ist der Kontakt zu kalten Medien (z. B. durch Nutzung von Hilfsmitteln für Transport kalter Produkte) verhindert?	§ 9 BetrSichV, TRBS 2141, TRBS 2141-1, TRBS 2141-2, TRBS 2141-3, 9. ProdSV, DGUV Vorschrift 1, DGUV Regel 100-501, DIN EN 342, DIN EN 511

7. Gefährdungen durch spezielle physikalische Einwirkungen

7.1 Lärm – Lärmquellen	– Sind Maßnahmen getroffen, um als Lärm empfundene Geräusche auf den niedrigstmöglichen Pegel zu senken? – Wurden Lärmbereiche ermittelt? – Sind dominierende Lärmquellen räumlich getrennt aufgestellt, abgeschirmt oder gekapselt? – Werden zusätzliche Schallquellen (z. B. Radiogeräte am Arbeitsplatz) mit Gehörgefährdung berücksichtigt, verboten oder leise eingestellt?	LärmVibrations-ArbSchV, TRLV Lärm, DIN EN ISO 9612, DIN 45 645-2 VDI 2058 Blatt 2 und 3, DIN EN ISO 11690 Teile 1–3, DIN EN ISO 7731, ArbMedW, BetrSichV, 9. ProdSV, ArbStättV, ASR A1.3, DGUV Regel 112-194, DGUV Information 212-686, DGUV Information 209-023, DGUV Information 212-024, DGUV Information 240-200
– keine Angaben zur Geräuschemission	– Sind für Arbeitsmittel aus der Betriebsanleitung bzw. technischen Dokumentation Angaben zur Geräuschemission bekannt? – Sind bei der Beschaffung neuer Arbeitsmittel Geräuschemissionen unter Betriebs- und Aufstellungsbedingungen erfragt worden?	
– hohe Spitzenpegel	– Wird das Entstehen von extrem hohen Spitzenpegeln verhindert?	
– Schallreflexion	– Werden Maßnahmen zur Verminderung der Schallreflexionen ergriffen?	
– fehlende Unterweisung	– Werden die Beschäftigten über Lärmgefährdung und Schutzmaßnahmen unterwiesen, wenn der Tages-Lärmexpositionspegel 80 dB(A) bzw. der Spitzenschalldruckpegel 135 dB(C) erreicht oder überschreitet?	
– fehlende Vorsorgeuntersuchung – fehlender Gehörschutz	– Wird ein Angebot zu arbeitsmedizinischen Vorsorgeuntersuchungen nach G 20 gemacht, wenn der Tages-Lärmexpositionspegel 80 dB(A) bzw. der Spitzenschalldruckpegel 135 dB(C) überschreitet? – Wird geeigneter Gehörschutz zur Verfügung gestellt, wenn der Tages-Lärmexpositionspegel 80 dB(A) bzw. der Spitzenschalldruckpegel 135 dB(C) überschreitet? – Werden Mitarbeiter in die Auswahl von Gehörschutz mit einbezogen? – Wird Gehörschutz benutzt, wenn der Tages-Lärmexpositionspegel 85 dB(A) bzw. der Spitzenschalldruckpegel 137 dB(C) erreicht oder überschreitet? – Wird der maximal zulässige Pegel unter dem Gehörschutz eingehalten? – Werden arbeitsmedizinische Vorsorgeuntersuchungen nach G 20 veranlasst, wenn der Tages- Lärmexpositionspegel 85 dB(A) bzw.	

noch 7.1	der Spitzenschalldruckpegel 137 dB(C) erreicht oder überschreitet?	
– keine Kennzeichnung von Lärmbereichen	– Sind Lärmbereiche gekennzeichnet, wenn der Tages-Lärmexpositionspegel 85 dB(A) bzw. der Spitzenschalldruckpegel 137 dB(C) erreicht oder überschreitet (Gebotszeichen „Gehörschutz benutzen")?	
– kein Programm zur Verringerung der Lärmexposition	– Wird ein Programm zur Verringerung der Lärmexposition erstellt, wenn der Tages-Lärmexpositionspegel 85 dB(A) bzw. der Spitzenschalldruckpegel 137 dB(C) überschreitet?	
– Gefahrensignale können nicht erkannt werden	– Sind Gefahrensignale trotz Betriebslärm wahrnehmbar?	
7.2 Ultraschall/Infraschall – luftgeleiteter Schall	– Wurde geprüft, ob zusätzliche Maßnahmen an Arbeitsmitteln getroffen werden müssen, die Ultraschall/Infraschall verwenden oder abstrahlen? – Sind Ultraschallquellen gekapselt oder abgeschirmt?	§ 8 BetrSichV, VDI 2058 Blatt 2, VDI 3766, DGUV Information 209-023
7.3 Ganzkörpervibrationen – Einleitung über das Gesäß beim sitzenden Menschen auf Fahrzeugen und Transportmitteln in Abhängigkeit von Typ, täglicher effektiver Fahrzeit, Fahrbahnzustand und Fahrweise	– Werden schwingungsdämpfende Maßnahmen durchgeführt? – Wurde geprüft, ob und wie oft über längere Zeiträume mit Fahrzeugen oder Transportmitteln gearbeitet wird, bei denen deutliche Schwingungen im Sitzen gespürt werden? **Beispiele:** Gabelstapler, Elektrokarren, Lkw, Traktoren, Bagger, Schlepper – Wird Fahren in ungünstiger oder verdrehter Körperhaltung vermieden? – Sind Fahrbahnen eben und werden Fahrbahnstöße (z. B. durch Schlaglöcher) verhindert? – Wurde geprüft, ob der Arbeitsablauf so organisiert werden kann, dass sich effektive Fahrzeiten (Expositionszeiten) reduzieren lassen? – Wird bei der Beschaffung von Fahrzeugen auf Typen mit geringen Vibrationswerten (Angabepflicht des Herstellers in Betriebsanleitung nach 9. ProdSV) geachtet? – Sind schwingungsgedämpfte Sitze montiert, richtig eingestellt und gewartet?	ArbMedVV, LärmVibrationsArbSchV, TRLV Vibrationen, 9. ProdSV, VDI 2057 Blatt 1, ISO 2631-1, DGUV Information 240-460
– fehlende Unterweisung	– Werden die Beschäftigten über die Gefährdungen durch Ganzkörpervibrationen informiert, wenn der Auslösewert A(8) = 0.5 m/s² (Tagesexpositionswert) erreicht wird?	

noch 7.3 – keine Maßnahmen bei Überschreiten des Auslösewertes – fehlende Vorsorgeuntersuchung	– Werden Maßnahmen bei Überschreiten des Auslösewertes für Ganzkörpervibrationen ergriffen, z. B. technische Maßnahmen, Minderungsprogramme und organisatorische Maßnahmen (u.a. Vorsorgeuntersuchungen nach G 46 anbieten)? – Werden arbeitsmedizinische Vorsorgeuntersuchungen veranlasst (Pflicht ab einem Expositionsgrenzwert von A(8) = 0.8 m/s²?	
7.4 Hand- Arm-Vibrationen – Einleitung über Hände und Arme durch handgehaltene und geführte Arbeitsmittel in Abhängigkeit vom Typ und täglicher effektiver Einsatzzeit	– Wird verhindert, dass eine zu hohe tägliche Schwingungsbelastung auftritt? – Wurde geprüft, ob handgehaltene und -geführte Arbeitsmittel und Werkzeuge ersetzt werden können, die zu Belastungen der Gelenke führen? – Wurde geprüft, ob hochtourige Arbeitsmittel und Werkzeuge (20 bis 1000 Hz), die zu Belastungen der Hände führen, ersetzt werden können? – Sind schwingungsgeminderte Werkzeuge und Arbeitsmittel (z. B. Schleifscheiben) im Einsatz? – Sind Handgriffe mit Dämpfungen oder Abfederungen vorhanden? – Wurden Verfahrensänderungen zur Beseitigung oder Minderung hoher Expositionen geprüft? – Wird bei der Beschaffung auf Geräte mit geringen Vibrationswerten (Angabepflicht des Herstellers nach 9. ProdSV) geachtet? – Werden hohe Greif- und Andruckkräfte durch technische Mittel oder geeignete Arbeitsweisen vermieden? – Werden spezielle Schwingungsschutz-Handschuhe (u.a. bei Arbeiten im Freien und bei Kälte) erprobt und eingesetzt?	ArbMedVV, LärmVibrationsArbSchV, TRLV Vibrationen, 9. ProdSV, VDI 2057 Blatt 2, DIN EN ISO 5349-1 und -2, DGUV Information 240-460
– fehlende Unterweisung	– Werden die Beschäftigten über die Gefährdungen durch Hand-Arm-Vibrationen informiert, wenn der Auslösewert A(8) = 2.5 m/s² (Tagesexpositionswert) erreicht wird?	
– keine Maßnahmen bei Überschreiten des Auslösewertes	– Werden Maßnahmen bei Überschreiten des Auslösewertes für Hand-Arm-Vibrationen ergriffen, z. B. technische Maßnahmen, Minderungsprogramme und organisatorische Maßnahmen (u.a. Vorsorgeuntersuchungen nach G 46 anbieten)?	

noch 7.4		
– fehlende Vorsorgeuntersuchung	– Werden arbeitsmedizinische Vorsorgeuntersuchungen veranlasst (Pflicht ab einem Expositionsgrenzwert von A(8) = 5 m/s^2?	
7.5 nicht ionisierende Strahlung (z. B. UV-, IR-, Laserstrahlung) – Strahlenexposition durch optische Strahlung (UV, Licht, Infrarot) bei folgenden Verfahren und Anwendungen (Beispiele): • UV-Trocknung und -Härtung • Lichtbogenschweißen • Entladungslampen • Infrarottrocknung • Laser und Laserdioden	– Ist sichergestellt, dass Geräte, die Strahlung erzeugen, nur entsprechend der Betriebsanweisungen der Hersteller verwendet werden? – Werden Geräte, die Strahlung erzeugen, regelmäßig sicherheitstechnisch überprüft? – Liegen Arbeitsanweisungen vor? – Sind ausreichende Schutzmaßnahmen (besonders Augenschutz) gegen UV-Strahlen vorhanden? – Wird UV-Schutz auch im Freien beachtet? – Ist in Bereichen starker Infrarotstrahlung die Einwirkung von Wärmestrahlung auf den Menschen verhindert? – Sind alle Laser den Klassen 1, 1M, 2, 2M, 3R, 3B und 4 zugeordnet und gekennzeichnet? – Sind die Lasereinrichtungen mit den erforderlichen Schutzeinrichtungen (z. B. Abschirmungen) ausgerüstet?	OStrV, 9. ProdSV, Anh. 2 Nr. 2.2 BetrSichV, DGUV Regel 112-192, DGUV Regel 100-501, DIN EN 12 198-1 bis -3, DIN EN 60 825-1, DGUV Vorschrift 11
– Arbeitsplätze mit hoher Sonnen- und Hitzeexposition	– Sind ausreichende Schutzmaßnahmen bei Ozonbildung und Bildung von anderen Gasen durch UV getroffen? – Sind die Grenzwerte am Arbeitsplatz für Ozon und ggf. andere Gase eingehalten? – Sind die zulässigen Werte für optische Strahlung und Hitze eingehalten?	
7.6 ionisierende Strahlung (z. B. Röntgen-, Gamma-, Teilchenstrahlung) – Strahlenexposition durch externe Bestrahlung beim Umgang: • mit Röntgenanlagen und Bestrahlungseinheiten (z. B. Materialprüfung, Mess- und Regeltechnik) – Strahlenexposition durch interne Bestrahlung (Inkorporation):	– Ist sichergestellt, dass Geräte, die Strahlung erzeugen, nur entsprechend der Betriebsanweisungen der Hersteller verwendet werden? – Ist der Betrieb von Anlagen mit hohem Gefährdungspotenzial genehmigt (z. B. Bauartzulassung)? – Sind die Gefährdungsbereiche abgegrenzt und gekennzeichnet? – Sind Aufenthaltszeit, Abstand und Abschirmung optimiert? – Ist im Betrieb ein Strahlenschutzbeauftragter mit einer Strahlenschutzausbildung bestellt? – Sind die organisatorischen Strahlenschutzmaßnahmen in einer betriebsinternen Weisung festgelegt (Kompetenzen und Aufgaben)?	StrlSchG, 9. ProdSV, Anh. 2 Nr. 2.2 BetrSichV, DIN 25 407-1 bis -3, DIN 54 113-1 und -3, DIN 54 115-1 und -3 bis -7

noch 7.6	– Wurde geprüft, ob Beschäftigte als beruflich strahlenexponiert gelten? – Liegt ein Abfallkonzept für radioaktive Stoffe vor? – Werden die Vorschriften des Umweltschutzes eingehalten? – Ist eine Strahlenschutzanweisung vorhanden?	
• beim Umgang mit offenen radioaktiven Stoffen in Isotopenlaboratorien oder Leuchtfarbensetzereien • beim Vorliegen von Kontaminationen mit radioaktiven Stoffen (Luft, Flüssigkeiten, Oberflächen) • durch Störfall bei unbeabsichtigter Entgegennahme von radioaktiv kontaminierten Stoffen (Schrott, Abfall) und beim Transport		
7.7 elektromagnetische Felder – Exposition durch elektromagnetische Wechselfelder (Hochfrequenz und Niederfrequenz) sowie statische elektrische und magnetische Felder Beispiele: • Induktionsschmelzöfen • Induktionsschweißen • Mikrowellenöfen • Hochfrequenzschweißanlagen für PVC • Hochspannungsanlagen und Starkstromanlagen • Sendeantennen • Galvanisieranlagen • Schweißautomaten • Magnetprüfung	– Wurde ermittelt, ob Beschäftigte elektromagnetischen Feldern ausgesetzt sind? – Werden Expositionsbereiche beurteilt (Expositionsbereiche festlegen, auftretende elektromagnetische Felder ermitteln, Beurteilung einer Exposition durch Vergleich mit zulässigen Werten)? – Wurden umgehend Maßnahmen angewendet, die verhindern, dass unzulässige Expositionen auftreten (z. B. Sicherung des Gefahrbereiches, Abschirmung, Abstand, Reduzierung der Leistung, Abschaltung, Begrenzung der Aufenthaltsdauer mit Zugangskontrollen, PSA)? – Sind die Gefahrenbereiche bestimmt und gekennzeichnet, im Besonderen für Herzschrittmacherträger? – Wurden Betriebsanweisungen erstellt? – Werden die Personen, die in Gefahrenbereichen tätig sind, regelmäßig alle 12 Monate unterwiesen? **Messung:** – Sind die zulässigen Basiswerte für elektromagnetische Feldexpositionen an Arbeitsplätzen eingehalten?	EMFV Nr. 6.2 Anhang ArbStättV, ASR A1.3, DGUV Vorschrift 15, DGUV Information 203-026, DIN VDE 0848-5, DIN EN 62 226-1

noch 7.7		
– ungenügende elektromagnetische Verträglichkeit von technischen Geräten	– Werden Gefährdungen durch ungenügende elektromagnetische Verträglichkeit von technischen Einrichtungen, Geräten und Anlagen (z. B. Bildschirmflimmern, Störungen von sicherheitsrelevanten Steuerungen) ausgeschlossen?	
7.8 Unter- oder Überdruck – Luftdruckänderungen im Bergbau, Caisson- und Tunnelarbeiten – Tätigkeiten in Höhenlagen	– Sind bei Arbeiten unter Überdruck Schädigungen beim Einschleusen (zu schnell), bei der Arbeit selbst (zu hoher Druck) sowie beim Ausschleusen (zu schnell) ausgeschlossen? – Ist bei Arbeiten gemäß § 12 DruckLV ein Arzt erreichbar bzw. anwesend? – Wird bei Arbeiten in Höhenlagen (ab etwa 2500 m) in den ersten Tagen schwere körperliche Arbeit vermieden? – Werden bei Tätigkeiten in Druckluft Vorsorgeuntersuchungen durchgeführt?	ArbMedVV, DruckLV, DGUV Regel 112-199, DGUV Information 250-006,

8. Gefährdungen durch Arbeitsumgebungsbedingungen

8.1. Klima (z. B. Hitze, Kälte) – falsche Raumtemperatur	– Entspricht der Messwert dem geforderten Mindestwert der ASR A3.5 (in Abhängigkeit von der Arbeitsschwere), siehe folgende Übersicht? <u>überwiegend sitzende Tätigkeit</u> mittelschwere Arbeit: 19 °C leichte Arbeit (z. B. im Büro): 20 °C <u>überwiegend Tätigkeit im Stehen und/oder Gehen</u> schwere Arbeit: 12 °C mittelschwere Arbeit: 17 °C leichte Arbeit (z. B. im Verkauf): 19 °C – Werden Raumtemperaturen >26 °C vermieden? **Hinweis:** Führt die Sonneneinstrahlung zu einer Erhöhung der Raumtemperatur über +26 °C, so sind geeignete Sonnenschutzsysteme vorzusehen, z. B.: – Sonnenschutzvorrichtungen, die das Fenster von außen beschatten (z. B. Jalousien oder hinterlüftete Markisen) – im Zwischenraum der Verglasung angeordnete reflektierende Vorrichtungen – innenliegende hochreflektierende oder helle Sonnenschutzvorrichtungen – Sonnenschutzverglasungen (innerhalb eines Sonnenschutzsystems, Blendschutz und Lichtfarbe beachten) Wird die Lufttemperatur im Raum von +30 °C überschritten, müssen zusätzliche Maßnahmen ergriffen werden, z. B.: – effektive Steuerung des Sonnenschutzes (z. B. Jalousien auch nach der Arbeitszeit geschlossen halten) – effektive Steuerung der Lüftungseinrichtungen (z. B. Nachtauskühlung) – Reduzierung der inneren thermischen Lasten (z. B. elektrische Geräte nur bei Bedarf betreiben) – Lüftung in den frühen Morgenstunden – Nutzung von Gleitzeitregelungen zur Arbeitszeitverlagerung – Lockerung der Bekleidungsregelungen – geeignete Getränke bereitstellen Wird die Lufttemperatur im Raum von +35 °C überschritten, so sind für die Zeit der Überschreitung	§ 6 und Anh. Nr. 3.5, 3.6, 4.1, 4.2, 5.1, 5.2 ArbStättV, ASR A3.5, ASR A3.6, ASR A4.4 DIN EN 15 251, DIN EN ISO 7730, DGUV Information 215-444, DGUV Information 215-510, LV 16

noch 8.1	– technische Maßnahmen (z. B. Luftduschen, Wasserschleier), – organisatorische Maßnahmen (z. B. Entwärmungsphasen) oder – persönliche Schutzausrichtungen (z. B. Hitzeschutzkleidung), anzuwenden.	
– relative Luftfeuchtigkeit	Werden anfallende Feuchtelasten im Arbeitsraum berücksichtigt? **Hinweis:** Fallen betriebstechnisch oder arbeitsbedingt Feuchtelasten im Arbeitsraum an, dürfen folgende Werte nicht überschritten werden (Ausnahmen: Arbeitsräume, die wegen der Natur des Betriebes höhere Luftfeuchten erfordern (z. B. Lebensmittelherstellung, Gewächshaus oder Schwimmbad)):	
– unzureichende Belüftung	– Werden die Arbeitsplätze ausreichend belüftet?	Anh. Nr. 1.2, 3.6, 5.2, 6.1 ArbStättV,
– nicht richtig dimensionierter Luftraum	– Wurde die Größe des notwendigen Luftraumes in Abhängigkeit von der Art der körperlichen Beanspruchung und der Anzahl der Beschäftigten sowie der sonstigen anwesenden Personen bemessen?	§ 6 und Anh. Nr. 1.2 ArbStättV, ASR A3.6,
– Tabakrauch	– Ist der Schutz der nicht rauchenden Beschäftigten und von Besuchern gewährleistet?	§ 5 ArbstättV,
– Zugluft	– Wird auf Klagen von Beschäftigten über Zugluft reagiert?	Anh. Nr. 3.6(3), 5.2 ArbStättV, ASR A3.5,
– Hitzearbeit	– Wird für Luftbewegung gesorgt (freie oder zwangsweise Lüftung)? – Wird die Luft gekühlt? – Wird schwere körperliche Arbeit unter Hitzebedingungen nur unter Berücksichtigung eines angemessenen Arbeitszeit-Pausenregimes ausgeführt?	ArbMedVV, Anh. Nr. 3.5 ArbStättV, ASR A3.5, DIN 33 403-2, DIN 33 403-3, DIN 33 403-5, DGUV Information 240-300,

Lufttemperatur	relative Luftfeuchtigkeit
+ 20 °C	80 %
+ 22 °C	70 %
+ 24 °C	62 %
+ 26 °C	55 %

	– Stehen geeignete Pausenräume zur Verfügung? – Stehen den Beschäftigten zur Regelung des Flüssigkeitshaushaltes geeignete Getränke zur Verfügung? – Werden bei Tätigkeiten mit extremer Hitzebelastung Vorsorgeuntersuchungen durchgeführt?	DGUV Information 213-022, DGUV Information 213-002,
– Wärmebelastung durch Strahlungswärme	– Stehen für Personen, die einer effektiven Bestrahlungsstärke ≥ 300 W/m² ausgesetzt sind, thermisch neutrale Bereiche (Wärmestromdichte ± 0 W/m²) zur Verfügung? **Hinweis:** Ist die mittlere effektive Bestrahlungsstärke nicht höher als 35 W/m², so hat die Wärmestrahlung keinen zusätzlichen arbeitsbelastenden Einfluss.	Nr. 6.1 Anhang ArbStättV, DIN 33 403-3,
– Arbeiten im Kältebereich – Aufenthalt in Kühlräumen	– Werden die Vorschriften für Kältearbeiten eingehalten und bei den betroffenen Beschäftigten Vorsorgeuntersuchungen nach G 21 durchgeführt? – Sind Aufwärmräume vorhanden und sind Aufwärmzeiten festgelegt? – Sind erforderliche Kennzeichnungen vorhanden? – Können ortsfeste begehbare Kühlräume mit einer Grundfläche von mehr als 10 m² jederzeit verlassen werden? – Besitzen ortsfeste begehbare Kühlräume mit Temperaturen unter –10 °C und einer Grundfläche über 20 m² eine vom allgemeinen Stromversorgungsnetz unabhängige Notrufeinrichtung?	ArbMedVV, ArbStättV, ASR A4.4, DGUV Regel 100-501, DGUV Regel 112-189, DIN 33 403-5,
– Arbeiten im Freien	– Sind die Arbeitsplätze ausreichend gegen Witterungseinflüsse geschützt?	Anh. Nr. 5.1, 5.2 ArbStättV; ASR A4.4
8.2 Beleuchtung, Licht – unzureichender Tageslichteinfall	– Erhalten die Arbeitsräume ausreichend Tageslicht?	Anh. Nr. 3.4 ArbStättV, ASR A1.6,
– mangelhafte Beleuchtungsstärke	– Werden die Mindestwerte der Beleuchtungsstärke am Arbeitsplatz (in Abhängigkeit von der Sehaufgabe) entsprechend der ASR A3.4 erreicht?	Anh. Nr. 3.4, 5.2 ArbStättV, ASR A3.4,

noch 8.2	**Richtwerte (Beispiele):** Verkehrsflächen und Flure ohne Fahrzeugverkehr im Bereich von Absätzen und Stufen: 100 lx Lagerräume: 100 lx Treppen, Maschinenhallen: 100 lx Verarbeitung schwerer Bleche, Gießhallen: 200 lx Kfz-Werkstätten, Verarbeitung leichter Bleche: 300 lx Büroräume: 500 lx Metallbearbeitung, Genauigkeit > 0,1mm: 300 lx Genauigkeit < 0,1 mm: 500 lx Farb-, Qualitätskontrolle, Feinstmontage: 1000 lx – Wird die Beleuchtung subjektiv als angenehm empfunden? – Wird die Helligkeitsverteilung und Beleuchtung durch helle Decken und Wände positiv beeinflusst? – Wird der geforderte Mindestwert der Beleuchtungsstärke auf Baustellen (z. B. Allgemeinbeleuchtung für Verkehrswege von 20 lx) erbracht?	Anh. 1 Nr. 2.9, Nr. 3.1.6, Anh. 2, Nr. 2.4 BetrSichV, DGUV Vorschrift 1, DIN 5034-1 bis -6, DIN 5035-3, -6, -8, DIN EN 12 464-1 und -2, DIN EN 12 665,
– keine Not- und Sicherheitsbeleuchtung	– Ist eine Not- und Sicherheitsbeleuchtung vorhanden (u.a. für Rettungswege und Arbeitsplätze mit besonderer Gefährdung)?	Anh. Nr. 2.3, 3.4(7) ArbStättV, ASR A3.4/7, DIN 5035-3, -6, -8
– schlechte Leuchtdichteverteilung im Gesichtsfeld (Kontraste)	– Werden Belastungen des Auges durch häufigen Wechsel zwischen sehr hellen und sehr dunklen Flächen (große Kontraste) vermieden? – Liegen die Unterschiede der Leuchtdichte im empfohlenen Bereich?	
– Direkt- und Reflexblendung	– Werden Blendquellen in oder nahe der Hauptblickrichtung, welche die Sehaufgabe erschweren oder belästigend wirken, beseitigt? – Wird die harmonische Helligkeitsverteilung und Beleuchtung durch Oberflächengestaltung (Reflexionsgrad) von Decken und Wänden positiv beeinflusst? – Sind die Leuchten so angeordnet, dass Blendung und Reflexionen auf Tischoberflächen und auf Bildschirmoberflächen vermieden werden?	DGUV Information 215-410, Nr. 6.1 und 6.3 Anhang ArbStättV

noch 8.2	– Sind bei Bildschirmarbeitsplätzen die Leuchten parallel zur Hauptblickrichtung angeordnet? – Lässt sich an Bildschirmarbeitsplätzen für die Bildbearbeitung die Umgebungsbeleuchtung vom Arbeitsplatz aus regulieren?	Anh. 6 ArbStättV, DGUV Information 215-410,
– örtliche Ungleichmäßigkeit	– Werden „Dunkelstellen" (z. B. bei Halleneinfahrten, Durchfahrten, Treppen und Toren) vermieden?	DIN 5035-3, -6 und -8
– Flimmern	– Wird Flimmern oder Flackern vermieden?	DIN 5035-3, -6 und -8
– stroboskopischer Effekt	– Wird der stroboskopische Effekt (rotierende Teile werden als stehend empfunden) vermieden?	
– ungeeignete Lichtrichtung und Schattigkeit	– Sind die Beleuchtungskörper so angebracht, dass die für das räumliche Sehen erforderliche Schattigkeit entsteht?	
– ungeeignete Lichtfarbe und Farbwiedergabe	– Ist die Tageslicht unterstützende Innenraumbeleuchtung in der Lichtfarbe neutralweiß ausgeführt? – Haben die Lampen die gleiche Lichtfarbe? – Ist die erforderliche Stufe der Farbwiedergabeeigenschaften eingehalten?	DIN 5035-3, -6 und -8
8.3 Ertrinken – Arbeiten an, auf und über dem Wasser – Arbeiten in Abwassersystemen – Arbeiten an Klärbecken	– Sind für die Beschäftigten geprüfte, automatisch aufblasbare Rettungskragen vorhanden? – Haben die Rettungskragen eine den Umständen (Kleidung, mitgeführtes Werkzeug, Strömungsgeschwindigkeit) entsprechende Auftriebskraft?	DGUV Vorschrift 21, DGUV Regel 114-014, DGUV Regel 112-201, DIN EN ISO 12402-2 bis -10

9. Physische Belastungen

9.1 schwere dynamische Arbeit (dynamische Ganzkörperarbeit) – Faktoren, die einzeln oder im Komplex wirken können: • hohe Intensität (Geschwindigkeit, Häufigkeit) • Benutzung von PSA (z. B. Atemschutz, Schutzanzug), • klimatische Belastung Beispiele: • Schaufelarbeiten • Holz hacken • Schauerleute	◆ Bewegen des ganzen Körpers (> 1/7 der gesamten Skelettmuskelmasse) – Wird verhindert, dass häufig körperlich schwere Arbeiten ohne einen Belastungswechsel durchgeführt werden? – Wird die Muskelarbeit großer Muskelgruppen (Arm-, Bein- und Rumpfmuskulatur) auf das unbedingt erforderliche Maß reduziert? – Werden in zusätzlich klimabelasteten Bereichen viele kurze muskuläre Pausen eingelegt?	§ 6 BetrSichV, TRBS 1151, 9. ProdSV, DIN EN 1005-1
9.2 einseitige dynamische Arbeit – hohe Wiederholfrequenz (Richtwert > 15 Betätigungen/min) Beispiele: • Betätigen einer Schere • Dateneingabe • Pedalbetätigung an Maschinen	◆ Einsatz kleiner Muskelgruppen (< 1/7 der gesamten Muskelmasse, z. B. ein Fuß, ein Arm, ein Bein, Finger unter Bewegung der Unterarme) – Werden kraftaufwändige Fingertätigkeiten mit hoher Bewegungsfrequenz vermieden?	§ 6 BetrSichV, 9. ProdSV
9.3 statische Arbeit – Haltungsarbeit – Zwangshaltungen, Haltungskonstanz (Hocken, Knien, Rumpfbeugung, Verdrehung, Seitneigung) – beengte Raumverhältnisse	◆ keine Bewegung von Gliedmaßen, keine Kräfte wirken auf Werkstück, Werkzeug oder Stellteile – Werden Zwangshaltungen und ungünstige Körperhaltungen durch Gestaltung • des Arbeitsplatzes (z. B. Arbeitshöhe, Arbeitstiefe, Sehabstand und Blickwinkel entsprechend der Arbeitsaufgabe, Greifraum), • des Arbeitsmittels (z. B. Anordnung von Bedienelementen an Maschinen), • der Arbeitsumgebung (z. B. Anordnung der Beleuchtungsanlage) oder • durch Bereitstellung von Hilfs- und Körperunterstützungssystemen (z. B. Stehhilfen, Kniepolster, Abstützungen, Armauflagen u.Ä.) vermieden?	§ 6 BetrSichV, 9. ProdSV, DIN 33 402-1, -2

noch 9.3 – Haltearbeit Beispiele: • Arbeiten über Kopf • Halten schwerer Teile bei der Montage • Schweißen	– Ist eine Änderung der Körperhaltung möglich (z. B. Wechsel zwischen Sitzen und Stehen, dynamisches Sitzen)? ◆ keine Bewegung von Gliedmaßen, Kräfte greifen an Werkstück, Werkzeug oder an Stellteilen an – Wird Haltearbeit ohne Belastungswechsel über einen längeren Zeitraum vermieden? – Werden Tätigkeiten in deutlicher Rumpfbeugehaltung und/oder -verdrehung vermieden? Folgende Aspekte sollten beachtet werden: • Richtung bei Stellvorgängen bezüglich Hand-Arm- bzw. Fuß-Bein-System • Bewegungsmöglichkeiten der Gelenke (z. B. Fluchten Hand-Unterarm-Achse) • Greifbedingungen (z. B. Abmessungen)	
9.4 Kombination aus statischer und dynamischer Arbeit – statisch: • Durchblutungsminderung • Muskelbeanspruchung – dynamisch: • Herz-Kreislauf-Überbeanspruchung – negative Einflussfaktoren: • ruckartige Bewegung • Rumpfverdrehung • Rumpfseitneigung • deutliche Rumpfbeugung • große Griffweiten • ungünstige geometrische Eigenschaften der Last – manuelle Handhabung von Lasten	◆ Heben: Greifen, Anheben bzw. Absetzen mit einer Dauer < 6 s $\rightarrow$ dynamisch ◆ Tragen (Halten): Greifen, Anheben und Gehen mit einer Dauer > 6 s $\rightarrow$ für Oberkörper statisch und für Beine dynamisch **Messung:** • Einzellast in kg • Häufigkeit der Lastenhandhabung • Hubhöhe • Dauer des Einzelvorgangs • Trageentfernung/-dauer • Rumpfneigungs- und -verdrehwinkel • horizontaler Abstand Last-Wirbelsäule – Wird das Tragen von Lasten ≥ 50 kg auf der Schulter vermieden?	§ 6 BetrSichV, BKV, LasthandhabV, MuSchG, KindArbSchV, Handlungsanleitung zur Beurteilung der Arbeitsbedingungen beim Heben und Tragen von Lasten (LV 9),

noch 9.4		
Beispiel: • lang andauerndes und/oder häufiges Aufbringen hoher Körperkräftew	– Werden die Grenzwerte für werdende und stillende Mütter (selten: 10 kg, wiederholt: 5 kg) eingehalten? – Werden bei zulässigen leichten Tätigkeiten von Kindern über 13 Jahren die maximalen Lastgewichte (gelegentlich 10 kg, regelmäßig 7,5 kg) eingehalten? – Wurde geprüft, ob sich Hebe- und Transportvorgänge „erleichtern" lassen durch: • Einsatz von Tragehilfen, • Einbeziehung zusätzlicher Personen, • Verringerung der Lastgewichte und des Arbeitstempos, • Verringerung der Trageentfernungen und • Anpassung der Arbeitshöhe an die Griffhöhe?	
– Hand/Unterarm statisch und Oberarm/Oberkörper dynamisch Beispiel: • Schieben, Ziehen	– Wird hoher Kraftaufwand beim Schieben oder Ziehen von Lasten vermieden?	Handlungsanleitung zur Beurteilung der Arbeitsbedingungen beim Schieben und Ziehen von Lasten (LV 29)

10. Psychische Faktoren

10.1 ungenügend gestaltete Arbeitsaufgabe – unvollständige Tätigkeitsstrukturen	– Wird eine zyklisch vollständige Tätigkeit ausgeführt? **Hinweis:** Eine Tätigkeit, welche die Phasen Vorbereiten, Organisieren, Ausführen und Kontrollieren enthält, wird als zyklisch vollständige Tätigkeit bezeichnet. **Beispiel:** • Vorbereiten (Ziel setzen, Vorgehensweise festlegen) • Organisieren (Abstimmen mit neben-, vor- und nachgelagerten Tätigkeiten anderer Beschäftigter) • Ausführen der Tätigkeit • Kontrollieren (z. B. Ergebnis) – Wird ein überwiegendes Routinevorgehen bzw. eine sich ständig wiederholende Arbeitstätigkeit ohne bewusstes Wahrnehmen, Denken und Planen vermieden (z. B. Sortieren nach vorgegebenen Regeln)? – Wird Daueraufmerksamkeit (einseitige Belastung, ausführende aktive Tätigkeiten fehlen, z. B. Überwachung automatisierter Anlagen) vermieden? – Wird eine quantitative Unterforderung der Beschäftigten vermieden (z. B. durch einseitige, sich ständig wiederholende gleiche Tätigkeiten)?	§ 4 BetrSichV, TRBS 1151
– widersprüchliche Anforderungen	– Werden widersprüchliche Anforderungen vermieden (z. B. zwischen Sicherheit und Leistung)?	
– hohe Komplexität der Aufgabe	– Wird beachtet, dass die Schwierigkeit oder Komplexität der zu bewältigenden Arbeitsaufgabe nicht zu einer qualitativen Überforderung führt? – Wird verhindert, dass die Beschäftigten quantitativ überfordert werden (z. B. durch Zeitdruck, Informationsüberflutung, zu hohe Dynamik)?	
– Über- und Unterqualifikation	– Werden Beschäftigte entsprechend ihrer Qualifikation eingesetzt (z. B. keine Diskrepanz zur Stellenbeschreibung)?	
– ungenügende oder fehlende Unterweisung	– Werden die Beschäftigten vor Aufnahme ihrer Tätigkeit und danach regelmäßig (mindestens	

noch 10.1	einmal jährlich) über mögliche Gefahren sowie über Maßnahmen zu deren Abwendung unterwiesen? – Werden die Beschäftigten in ihre Arbeitsaufgaben am Arbeitsort eingewiesen?	
– ungenügende Information	– Stehen den Beschäftigten zur Ausführung ihrer Arbeit und/oder beim Treffen von Entscheidungen Informationen und Handlungshilfen zur Verfügung? – Wird die Arbeitsaufgabe verstanden (z. B. verständliche Arbeitsanweisungen, keine Sprachbarrieren)?	
– fehlende Schulungen	– Werden die Beschäftigten für ihre Arbeitstätigkeit geschult (z. B. beim Umgang mit Anlagen, Geräten oder Programmen) oder z. B. nach einer Softwareumstellung?	
– ungenügender Handlungsspielraum	– Haben Beschäftigte Einfluss auf Art und Weise der Aufgabenausführung (z. B. keine enge Vorgaben, Taktbindung)?	
– nicht beeinflussbare Arbeitsabfolgen	– Kann die Arbeitsabfolge von den Beschäftigten beeinflusst werden (z. B. flexible Vorgaben, Handlungserfordernisse kontinuierlich)?	
– fehlende Transparenz	– Sind Handlungserfordernisse vorhersehbar (z. B. Havarien, Störungen)? – Sind die Arbeitsaufgaben klar?	
– unklare Entscheidungen	– Sind den Beschäftigten die Folgen ihrer Entscheidungen klar?	
– fehlende Rückmeldungen	– Erhalten die Beschäftigten Rückmeldungen über den Arbeitsablauf oder die Arbeitsergebnisse (z. B. Qualitätskontrolle)? – Kennen die Beschäftigten den Stellenwert ihrer Tätigkeit im betrieblichen Arbeitsablauf?	
– kein zeitlicher Spielraum	– Wird verhindert, dass Beschäftigte unter starkem Zeit- bzw. Termindruck arbeiten müssen (z. B. Fließband-Takt-Bindung, Kundenforderungen)?	
– Störungen	– Wird verhindert, dass der Arbeitsablauf häufig geändert oder unterbrochen wird und so ein kontinuierliches Arbeiten nicht möglich ist (z. B. Technikstörungen, Unterbrechungen durch Anfragen und Anrufe)?	
– emotionale Belastungen bei der Arbeit mit Kunden	– Wird hohen emotionalen Belastungen (z. B. bei der Reklamationsannahme, der Pflege Schwerkranker) entgegengewirkt?	

10.2 ungenügend gestaltete Arbeitsorganisation – nicht durchdachter Arbeitsablauf	– Ist der Arbeitsablauf so gestaltet, dass die Gesundheit der Beschäftigten genügend geschützt und die Aufgabendurchführung nicht erschwert werden? – Wird der Arbeitsablauf geplant? – Ist der Arbeitsplatz rechtzeitig vorher bekannt?	§ 4 BetrSichV, TRBS 1151, §§ 3, 4, 5 ArbSchG,
– nicht geregelte Kompetenz	– Sind Kompetenzen klar abgegrenzt (z. B. keine Mehrfachunter- oder -überstellung)? – Haben die Beschäftigten die notwendigen Kompetenzen und Mittel, um die ihnen übertragenen Aufgaben zu erfüllen?	
– kritischer Verantwortungsumfang	– Wird vermieden, dass den Beschäftigten eine zu hohe Verantwortung für Menschen, das Arbeitsergebnis oder die Technik übertragen wird? – Wird vermieden, dass die Beschäftigten aus ihrer Sicht zu wenig Verantwortung haben (ständiges Nachfragen beim Vorgesetzten)?	
– Regelarbeitszeit	– Wird die Regelarbeitszeit eingehalten?	ArbZG, MuSchG, JArbSchG
– Schicht- und Nachtarbeit	– Werden zusätzliche Belastungen durch Schicht- oder Nachtarbeit berücksichtigt?	
– keine Pausen	– Sind die besonderen Arbeitsschutzmaßnahmen für Schwangere und Stillende und für Jugendliche umgesetzt? – Wird genügend Zeit für die Erholung zur Verfügung gestellt?	Nr. 6.1 Anhang ArbStättV
10.3 ungenügend gestaltete soziale Bedingungen – ungünstiges Führungsverhalten	– Werden Konflikte zwischen Vorgesetzten und Beschäftigten (z. B. durch autoritären Führungsstil, unzureichende Fachkompetenz des Vorgesetzten) vermieden? – Ist die Führung der zugeordneten Beschäftigten möglich (Beschäftigtenzahl nicht zu hoch, Arbeitsplätze nicht zu weit voneinander entfernt?	
– ungünstiges Gruppenverhalten	– Werden soziale Spannungen zwischen den Beschäftigten vermieden (Streit, Abstimmungsprobleme, Schuld wird Anderen zugewiesen, Mobbingfälle)?	
– fehlende soziale Kontakte	– Haben Beschäftigte Möglichkeiten zur Kommunikation (z. B. isolierte Einzelarbeit)?	

10.4 ungenügend gestaltete Arbeitsplatz- und Arbeitsumgebungsbedingungen – Gefährdungsfaktoren der Klassen 1 bis 9 und 11	– Wird verhindert, dass die in den Klassen 1 bis 9 und 11 erfassten Gefährdungen zu einer Beeinträchtigung der Arbeitsleistung der Beschäftigten führen (z. B. unzureichende klimatische Bedingungen, Beleuchtungsmängel, Lärm)?	TRBS 1151,
– gefahrbringende Bedingungen	– Wird berücksichtigt, dass der Beschäftigte am Arbeitsplatz besonderen gefahrbringenden Bedingungen (z. B. Straßenverkehr) ausgesetzt sein kann?	
– unzureichende Informationsaufnahme	– Ist die Aufnahme der erforderlichen Information möglich? Kriterien sind z. B.: • Vorhandensein und Wahrnehmbarkeit von Signalen und Prozessmerkmalen • Hörbarkeit bzw. Sichtbarkeit von Informationen • Unterscheidbarkeit von Informationen • Sinnfälligkeit von Zeichen, Symbolen, Piktogrammen • Sinnfälligkeit zwischen Gestaltung der Informationsmittel und Inhalt der Information • Sinnfälligkeit zwischen der Gestaltung von Anzeigen und der erwarteten Information (z. B. Zuordnung der Zeigerbewegung zur Skalenanzeige) – Wurde geprüft, ob weitere im Arbeitsprozess wirkende Faktoren zu berücksichtigen sind, die eine Informationsaufnahme und deren Verarbeitung bzw. Umsetzung beeinträchtigen können? Beispiele: • Signalverdeckung durch Lärm, unzureichende Beleuchtung • Überangebot aufzunehmender Informationen • zeitliche Dichte der Informationen • besondere Bedingungen bei Abweichungen vom Normalbetrieb • Behinderung der Informationsübertragung und -umsetzung durch Tragen von PSA • eingeschränkte individuelle Leistungsvoraussetzungen (z. B. Schwerhörigkeit, altersbedingte Veränderungen des Sehvermögens)	
• Nichtwahrnehmung von optischen Signalen, Unverständlichkeit	– Sind die optischen Signalgeber ausreichend wahrnehmbar und ist deren Informationsgehalt verständlich?	§ 8 BetrSichV, TRBS 1151, 9. ProdSV,

noch 10.4	– Sind die Informationselemente nach Funktion und Bedeutung gruppiert? – Sind Anzeigen, die hohe Aufmerksamkeit erfordern, im zentralen Blickfeld angeordnet? – Entspricht die Größe des Signals der Entfernung, aus der es wahrnehmbar sein muss? – Werden Unterscheidungsgrenzen beachtet (max. 9 Farbtöne, 15 Formen, 10 Zeigerstellungen, 5 Linienlängen, 8 Breiteneindrücke, 5 Größen, 3 bis 5 Helligkeiten)?	DIN EN 842, DIN EN 981, DIN EN 61 310-1 bis -3,
• Informationsgestaltung auf Bildschirmen	– Ist die verwendete Software benutzerfreundlich gestaltet? – Werden Informationen, die durch Bildschirme übermittelt werden, nach bekannten Gestaltungsmerkmalen festgelegt? – Sind die Zeichengröße, die Zeichenschärfe, der Zeichenkontrast sowie die Zeichenhelligkeit ausreichend?	Nr. 6.5 Anhang ArbStättV, DIN EN ISO 9241-303,
• Nichtwahrnehmung von akustischen Signalen, Unverständlichkeit • Gefahrensignale	– Sind die akustischen Signalgeber ausreichend wahrnehmbar und ist deren Informationsgehalt eindeutig? – Werden Unterscheidungsgrenzen beachtet (max. 5 Tonhöhen, 5 Lautstärken)? – Sind Gefahrensignale wahrnehmbar?	§ 8 BetrSichV, TRBS 1151, 9. ProdSV, DIN EN 981, DIN 33 404-3, DIN EN 61 310-1 bis -3, DIN EN ISO 9921,
– Wahrnehmungsumfang • zu hohe Informationsdichte • herabgesetzte Wachsamkeit (Vigilanzprobleme)	– Wird verhindert, dass sehr viele Informationen auf einmal aufgenommen werden müssen? – Werden abwechslungsarme (Dauer-)Beobachtungstätigkeiten, die keine oder kaum körperliche Aktivitäten beinhalten, vermieden? – Wurde die Notwendigkeit von Vorsorgeuntersuchungen nach G 25 geprüft?	§ 8 BetrSichV, TRBS 1151, 9. ProdSV,
• Ausnahmesituationen	– Wurden Störungen, Ablenkungen oder Havariefälle bedacht, bei denen das Wahrnehmungsvermögen des Beschäftigten überfordert werden kann?	
– ungeeignete Bedienelemente (Anzeigen, Stellteile) – erschwerte Handhabbarkeit	– Werden Gestaltungsempfehlungen für Anzeigen und Stellteile berücksichtigt?	DIN EN 894-1 bis -4, DIN EN 61 310-1 bis -3,

11. Sonstige Gefährdungen

11.1 durch Menschen – Unachtsamkeit bei Zusammenarbeit – unabgestimmte Zusammenarbeit – Charaktereigenschaften (z. B. Choleriker)	– Sind die Beschäftigten für die Tätigkeit geeignet? – Wurden sie über die mit ihrer Tätigkeit in Zusammenhang stehenden Gefährdungen informiert? – Ist ein gefahrloses Zusammenarbeiten (z. B. auf verschiedenen Ebenen von Baugerüsten) möglich? – Wird der Gewaltanwendung entgegengewirkt (z. B. an Kassenarbeitsplätzen, bei Pflege geistig Behinderter)?	DGUV Vorschrift 1, DGUV Vorschrift 38, BaustellV
11.2 durch Tiere – Anthropozoonosen (z. B. Tollwut, Ornithose, Toxoplasmose) – Allergien gegenüber Tierhaaren, Epidermisbestandteilen, Insektenstichen – Schlagen, Stoßen – Treten, Stechen, Beißen – Vergiftungen	– Wurden erkrankte Tierbestände erfasst und Maßnahmen zum Schutz der Beschäftigten eingeleitet? – Wurden veterinärmedizinische Maßnahmen eingeleitet? – Werden Tierkontakte vermieden? – Werden Kontakte mit Ausscheidern und Ausscheidungen, wenn keine PSA getragen werden, vermieden? – Werden bei Bedarf Absperrungen und Warnschilder verwendet? – Wurde geprüft, ob Vorsorgeuntersuchungen nach ArbMedVV (Anhang, Teil 2) notwendig sind?	TierGesG, IfSG, BioStoffV, ArbMedVV, TRBA 120, TRBA 230, DGUV Regel 114-001, DGUV Regel 100-501, DGUV Regel 114-018
11.3 durch Pflanzen und pflanzliche Produkte – Allergien gegenüber bestimmten Pflanzen – Riss- und Stichverletzungen	– Werden nur geeignete Personen eingesetzt? – Werden geeignete PSA (z. B. Handschuhe, Arbeitskleidung) bereitgestellt und verwendet? – Wurde geprüft, ob Vorsorgeuntersuchungen nach ArbMedVV (Anhang, Teil 2) notwendig sind?	ArbMedVV, DGUV Regel 114-018

Schritt 3 Bewerten der Gefährdungen

Von einer in **Schritt 2** festgestellten Gefährdung geht stets ein Gesundheitsrisiko aus. Es ist nun festzustellen, wie hoch dieses Risiko ist und welcher Handlungsbedarf sich hieraus ergibt.
Mittels eines geeigneten Verfahrens wird die Gefährdung bewertet und der Risikobereich bestimmt, dem die Gefährdung zuzuordnen ist (siehe Abbildung):

- Wird die **Besorgnisschwelle** (das höchste allgemein akzeptierte Risiko) **nicht überschritten**, so besteht ein hinnehmbar geringes Risiko (**grüner Akzeptanzbereich**).
- Wird die **Besorgnisschwelle überschritten**, aber die **Gefahrenschwelle** (das gerade noch tolerable Risiko) **noch eingehalten**, so besteht ein unerwünschtes Risiko (**gelber Besorgnisbereich**).
- Wird die **Gefahrenschwelle überschritten**, so besteht ein nicht tolerierbares Risiko (**roter Gefahrenbereich**).

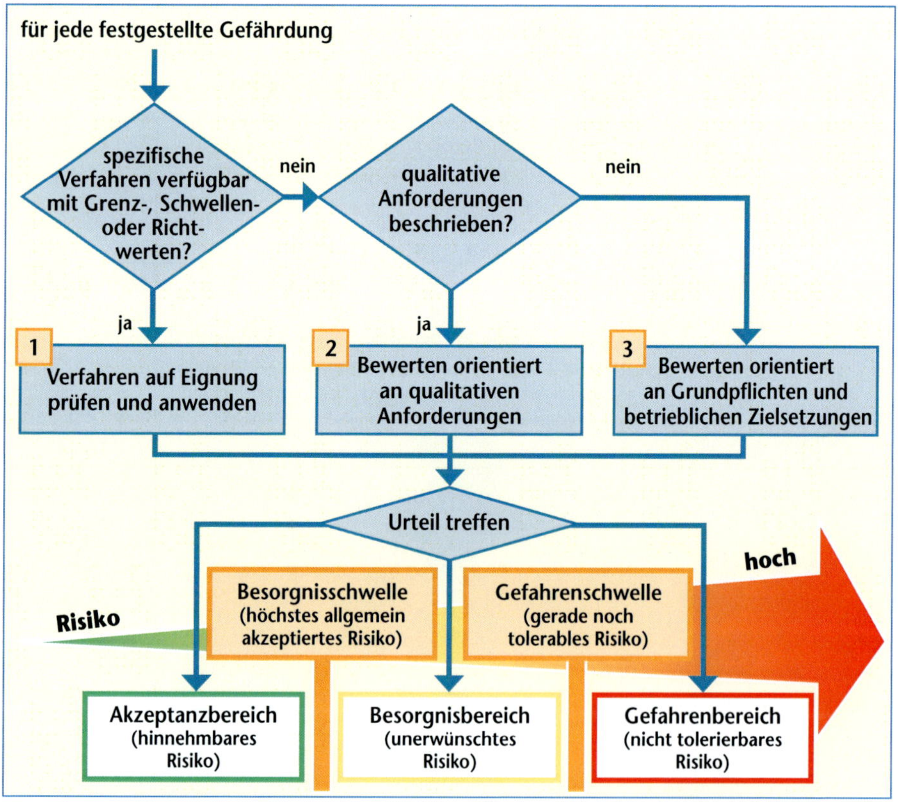

1 Bewerten mit spezifischen Verfahren

Steht für eine Gefährdung ein geeignetes spezifisches Verfahren mit Grenz-, Schwellen- oder Richtwerten zur Verfügung, so ist dieses vorrangig anzuwenden.

Solche Verfahren beruhen in aller Regel auf Vorgaben in Vorschriften und stellen für deren Umsetzung ein handhabbares Instrument zur Verfügung, in die Expertise von Arbeitsschutzexperten und Arbeitsmedizinern eingeflossen ist.

Die folgende Tabelle gibt einen Überblick über derzeit verfügbare Verfahren (weitere Informationen unter www.gefaehrdungsbeurteilung.de).

Abschließend ist zu prüfen, ob die Anwendung des **spezifischen Verfahrens** für den konkreten Anwendungsfall hinreichend ist. Ist dies nicht der Fall, muss für nicht berücksichtigte Aspekte ggf. eine zusätzliche Bewertung erfolgen. Beispielsweise kann es bei Lärm erforderlich sein, im Anschluss an die Anwendung des Tages-Lärmexpositionspegelverfahrens zur Lärmschwerhörigkeit weitere extraaurale Gefährdungen wie z.B. Störung der Kommunikation (siehe Gefährdungsfaktor 10.4 auf Seite 71) zu beurteilen.

Überblick verfügbarer spezifischer Verfahren und qualitativer Anforderungen

Nr. Faktor	Gefährdung	Verfahren	Quelle/ Rechtsquelle	Bemerkungen
1.3	Angefahren werden	Mindestbreiten und Sicherheitszuschläge für Verkehrswege	ASR A1.8 TRBS 2111-1	nur Gefahrenschwelle angegeben
1.5	Ausrutschen	Bewertung der Rutschhemmung von neu zu verlegenden Bodenbelägen mit R- und V-Werten	DGUV Regel 108-003 ASR A1.5/1,2	Grobe Orientierung an Kennwerten; spezifische Merkmale wie Verschmutzung und Schuhwerk nur teilweise berücksichtigt
1.5	Ausrutschen	Bewertung der Rutschhemmung von in Nutzung befindlichen Bodenbelägen mit Gleitreibungskoeffizient	DGUV-Information 208-041	
1.5	Stolpern, Umknicken, Fehltreten	Beurteilung anhand von Mindestmaßen	ASR A1.5/1,2 BAuA-Forschungsbericht F1641	Grobe Orientierung an Kennwerten; spezifische Merkmale wie Verschmutzung und Schuhwerk nur teilweise berücksichtigt
2.	Elektrische Gefährdungen	Bewertung der Gefährdungen durch elektrischen Schlag und durch Störlichtbögen	DGUV Vorschrift 3 TRBS 2153 DIN VDE 0100-410 0105-100	

Schritt 3: Bewerten der Gefährdungen

Nr. Faktor	Gefährdung	Verfahren	Quelle/ Rechtsquelle	Bemerkungen
3	Gefahrstoffe	Einfaches Maßnahmenkonzept Gefahrstoffe (EMKG)	GefStoffV TRGS 401 TRGS 402 TRGS 800 (www.bana.de/ EMKG)	Control-Banding-Ansatz: Durch Eingabe vorgegebener Parameter werden direkt Schutzleitfäden für abgestufte Maßnahmen zugeordnet; entstehende oder freigesetzte Gefahrstoffe sind nicht erfasst!
3	Gefahrstoffe	Spaltenmodell zur Ersatzstoffprüfung (Substitution)	TRGS 600 (www.baua.de/ EMKG)	Zur vergleichenden Risikoeinschätzung; entstehende oder freigesetzte Gefahrstoffe sind nicht erfasst!
6.1	Kontakt mit heißen Medien	Diagramm „Verbrennungsgrad in Abhängigkeit von Oberflächentemperatur und Einwirkzeit"	Skiba, R.: Taschenbuch Arbeitssicherheit	Orientierung anhand zwei wesentlicher Einflussfaktoren; weitere spezifische Merkmale (Häufigkeit, Hauttyp, Feuchtigkeit) bleiben unberücksichtigt
6.1	Kontakt mit heißen Medien	Verbrennungsschwelle (Oberflächentemperatur, oberhalb der eine Verbrennung ersten Grades eintritt)	DIN EN ISO 13732-1	Gilt nur für längere Kontaktdauer ab 1 Minute
6.2	Kontakt mit kalten Medien	Schwellenwerte der Oberflächentemperatur für unterschiedliche Wirkungen	DIN EN ISO 13732-3	Gilt nur für festgelegte Kontaktdauer; Orientierungshilfe
7.1	Lärm (gehörschädigend)	Lärm-Belastungs-Rechner	LärmVibrationsArbSchV TRLV Lärm	Voraussetzung für die Anwendung sind bekannte (gemessene) Immissionsschalldruckpegel und deren Expositionsdauern
7.1	Lärm (nicht gehörschädigend)	Angestrebte Lärmpegel	DGUV Information 018 orientiert an VDI 2058 Blatt 3	Voraussetzung für die Anwendung sind bekannte (gemessene) Immissionsschalldruckpegel und deren Expositionsdauern
7.3/ 7.4	Vibrationen (Hand-Arm und Ganzkörper)	Vibrations-Belastungsrechner	LärmVibrationsArbSchV TRLV Vibrationen	Ermittlung des Tages-Vibrationsexpositionspegels für Hand-Arm- bzw. Ganzkörper-Vibrationen mit Beurteilung orientiert an Auslöse- und Expositionsgrenzwerten; Angabe

Nr. Faktor	Gefährdung	Verfahren	Quelle/ Rechtsquelle	Bemerkungen
				der zulässigen Expositionsdauer bei bestimmten Vibrationspegeln; Voraussetzung für die Anwendung sind bekannte (gemessene) Vibrationspegel und deren Expositionsdauern
7.5	Optische Strahlung (inkohärent)	Risikogruppen für optische Strahler gem. EN 62471	EN 62471 TROS IOS	Abhängig von der korrekten Einstufung und Kennzeichnung durch den Hersteller
7.5	Laserstrahlung (kohärente Strahlung)	Laserklassen für Laser nach EN 60825-1	EN 60825-1 TROS Laserstrahlung	Abhängig von der korrekten Einstufung und Kennzeichnung durch den Hersteller
7.6	ionisierende Strahlung	Strahlenschutzbereiche	StrlSchG	Quantitativer Soll-Ist-Vergleich; Voraussetzung: Prognosen oder Messungen von Strahlendosen
8.1	Raumklima	Risikograf für technologiebedingt wärmebelastete Arbeitsplätze	DGUV Information 215-510	Einschränkende Rahmenbedingungen (z. B. geringe Wärmestrahlung, keine Zugerscheinungen, leichte Arbeit, Lufttemperatur maximal 35 °C)
8.1	Lüftung	Mindestwerte	ASR A3.6	
8.1	Lufttemperatur	Grenzwerte	ASR A3.5	
8.2	Beleuchtung	Mindestwerte	ASR A3.4	Quantitativer Soll-Ist-Vergleich; Voraussetzung: Ergebnisse von Beleuchtungsmessungen
8.4	Ersticken	Empfehlungen zur Bewertung des Sauerstoffgehalts	European Industrial Gases Association: Kampagne gegen den Erstickungstod	Voraussetzung: bekannte (gemessene) Sauerstoffkonzentration in der Atemluft; Beurteilung nach Ampelmodell
8.4	Belastung durch CO_2-belastete Atemluft	CO_2-Konzentration in der Raumluft	ASR A3.6	Voraussetzung: bekannte CO_2-Konzentration im Raum; Beurteilung orientiert an Ampelmodell

Schritt 3: Bewerten der Gefährdungen

Nr. Faktor	Gefährdung	Verfahren	Quelle/ Rechtsquelle	Bemerkungen
9.	Heben, Halten, Tragen schwerer Lasten	Leitmerkmalmethode Heben, Halten, Tragen	BAuA LasthandhabV	Berücksichtigung vermindert belastbarer Personengruppen
9.	Ziehen, Schieben von Lasten	Leitmerkmalmethode Ziehen, Schieben	BAuA LasthandhabV	Berücksichtigung vermindert belastbarer Personengruppen
9.	Manuelle Arbeitsprozesse	Leitmerkmalmethode Manuelle Arbeitsprozesse	BAuA LasthandhabV	Berücksichtigung vermindert belastbarer Personengruppen
9.3	Andauernde Steharbeit	Handlungsanleitung zur Beurteilung der Arbeitsbedingungen	LASI-Leitfaden LV 50	orientierende Methode für Betriebspraktiker mit guten Kenntnissen der zu beurteilenden Tätigkeit; Beurteilung anhand Expositionsdauer
10	Psychische Belastung	Checklisten zur Erfassung von Fehlbeanspruchungsfolgen (ChEF)	ArbSchG § 5	Orientierendes Verfahren für die Beanspruchungen „Stress", „psychische Ermüdung", „Monotonie" und „psychische Sättigung" mit Beurteilung orientiert am Ampelmodell
10.2	Nacht- und Schichtarbeit	Checkliste Arbeitszeit	Arbeitszeitgesetz BASS 3.0 (www.baua.de)	Beurteilung der Einzelkriterien nach dem Ampelmodell

2 Bewerten anhand qualitativer Anforderungen

Steht ein spezifisches Verfahren nicht zur Verfügung bzw. ist dieses nicht hinreichend, so ist zu prüfen, welche qualitativen Anforderungen den Stand der Technik beschreiben, die zur Bewertung der Gefährdung herangezogen werden können.

Solche qualitativen Anforderungen, wie sie in **Vorschriften**, **Regeln** und **Informationen** zu finden sind, geben Mindestanforderungen an die Gefahrenschwelle wieder. Werden solche Mindestanforderungen nicht eingehalten, besteht Gefahr.

Im „Erkennungsleitfaden für Gefährdungen" ab Seite 40 finden Sie zu den Gefährdungsfaktoren Orientierungsfragen zur Bewertung sowie **ausgewählte Bezugsquellen**, die qualitative Anforderungen enthalten.

Abschließend ist auch hier zu prüfen, ob alle relevanten Aspekte bei der Bewertung berücksichtigt wurden. Ist dies nicht der Fall, muss für nicht berücksichtigte Aspekte ggf. eine zusätzliche Bewertung erfolgen.

3 Bewerten anhand von Grundpflichten

Stehen weder spezifische Verfahren noch relevante Anforderungen aus Vorschriften und Regeln zur Verfügung, muss die Bewertung ohne diese konkreten Hilfestellungen vorgenommen werden.

Als Instrument steht die **Risikomatrix** zur Verfügung (siehe Abbildung auf Seite 80). Dazu ist in zwei Schritten vorzugehen:

1. Risikoeinschätzung mithilfe der Risikomatrix
2. Risikobewertung mithilfe festgelegter Schwellenwerte

zu 1. Risikoeinschätzung mithilfe der Risikomatrix

Zunächst ist die **mögliche Schadenschwere** für den Fall des Wirksamwerdens der Gefährdung an Hand folgender Kriterien mit der fünfstufigen Skala von A bis E einzustufen:

- Intensität der Einwirkung auf den Beschäftigten
- betroffene Teile des Organismus oder der Psyche, die geschädigt werden können

Anschließend ist die **Eintrittswahrscheinlichkeit** einer solchen Schadensschwere an Hand der folgenden Kriterien mit der fünfstufigen Skala von 1 bis 5 einzustufen:

- Zeitdauer und Häufigkeit, die der Beschäftigte der Gefährdung ausgesetzt ist
- Intensität der Einwirkung auf den Beschäftigten
- Gefahrbringende Bedingungen und individuelle Leistungsvoraussetzungen, die bei der Gefährdungsermittlung erfasst wurden.
- vorhandene Schutzsysteme mit ihrer dauerhaften Zuverlässigkeit und Wirksamkeit einschließlich Möglichkeiten der Umgehung oder Ausschaltung der Schutzsysteme
- Möglichkeiten des Beschäftigten, der wirksam werdenden Gefährdung auszuweichen

Schritt 3: Bewerten der Gefährdungen

- bereits eingetretene Ereignisse wie körperliche oder psychische Beschwerden der Beschäftigten, Unfälle, Beinaheunfälle, arbeitsbedingte Erkrankungen, sonstige Hinweise der Beschäftigten

Die beiden Faktoren „mögliche Schadenschwere" und „Eintrittswahrscheinlichkeit" werden schließlich mit Hilfe der Risikomatrix zu einer Risikoeinschätzung zusammengeführt.

Risikomatrix

Schadensschwere (Einschätzung) → **Eintrittswahrscheinlichkeit (Einschätzung)**

Kriterien (Schadensschwere)

- **Intensität der Einwirkung**
- **Betroffene Teile des Organismus, der Psyche**

Kriterien (Eintrittswahrscheinlichkeit)

- **Expositionszeit**
- **Intensität der Einwirkung**
- **Gefahrbringende Bedingungen**
- **Schutzsysteme**
- **Bewältigungsmöglichkeiten**
- **Bereits eingetretene Ereignisse**

Schadensschwere / Eintrittswahrscheinlichkeit	**Keine gesundheitlichen Folgen** A	**Bagatellfolgen** (die Arbeit kann fortgesetzt werden) B	**Mäßig schwere Folgen** (Arbeitsausfall, ohne Dauerschäden) C	**Schwere Folgen** (irreparable Dauerschäden möglich) D	**Tödliche Folgen** E
fast unmöglich 1	extrem gering 1	extrem gering 1	sehr gering 2	eher gering 3	mittel 4
vorstellbar, aber unwahrscheinlich 2	extrem gering 1	sehr gering 2	eher gering 3	mittel 4	hoch 5
gelegentlich möglich 3	sehr gering 2	eher gering 3	mittel 4	hoch 5	sehr hoch 6
gut möglich 4	sehr gering 2	mittel 4	hoch 5	sehr hoch 6	extrem hoch 7
fast gewiss 5	sehr gering 2	mittel 4	sehr hoch 6	extrem hoch 7	extrem hoch 7

Ein Beispiel für die Dokumentation der Bewertung siehe Seite 102

zu 2. Risikobewertung mithilfe festgelegter Schwellenwerte

Um eine Risikobewertung durchführen zu können, müssen zunächst die Schwellenwerte „Besorgnisschwelle" und „Gefahrenschwelle" (vgl. Abbildung auf Seite 74) orientiert an den Grundpflichten des Arbeitgebers nach dem Arbeitsschutzgesetz und ggf. innerbetrieblich vereinbarten Festlegungen quantifiziert werden.

Wird beispielsweise für die Besorgnisschwelle ein **Risikowert ab 3** und für die Gefahrenschwelle ein **Risikowert ab 5** festgelegt, so ergibt sich die in der Risikomatrix dargestellte Zuordnung der Risikobereiche „Akzeptanzbereich" (grün), „Besorgnisbereich" (gelb) und „Gefahrenbereich" (rot).

Berücksichtigung besonders schutzbedürftiger Beschäftigtengruppen

Bei der Beurteilung der Arbeitsbedingungen sind besonders schutzbedürftige Beschäftigtengruppen systematisch zu beachten, z. B.:

- **Vermindert belastbare Personen** bei der Handhabung schwerer Lasten sind nach Leitmerkmalmethode u.a. Beschäftigte jünger als 21 oder älter als 40 Jahre und durch Erkrankungen Leistungsgeminderte. Für Frauen gelten andere Lastgrenzen als für Männer.
- **Werdende und stillende Mütter** sind bei bestimmten Tätigkeiten besonders gefährdet. Deshalb dürfen sie nach §§ 3 bis 8 Mutterschutzgesetz mit bestimmten Tätigkeiten nicht beschäftigt werden. Unzulässig sind z. B. das häufige Handhaben von Lasten über 5 kg oder das gelegentliche Handhaben von Lasten über 10 kg, Tätigkeiten mit erhöhter Infektionsgefährdung, Mehr-, Nacht- oder Wochenendarbeit, Tätigkeiten mit gesundheitsgefährdender Gefahrstoff- oder Strahlungsexposition.
- **Jugendliche** sind unter bestimmten Bedingungen besonders gefährdet. Nach Jugendarbeitsschutzgesetz dürfen sie deshalb nicht mit gefährlichen oder belastenden Tätigkeiten beschäftigt werden, wie z. B. mit Arbeiten, die ihre physische oder psychische Leistungsfähigkeit übersteigen oder bei denen sie schädlichen Einwirkungen von Lärm, Vibrationen, Strahlen, Gefahr- oder Biostoffen ausgesetzt sind. Auch für Arbeits-, Pausen-, Ruhezeiten sind engere Grenzen einzuhalten.
- **Beschäftigte, die ototoxischen Stoffen wie bestimmten Lösemitteln** (z. B. bei Lackier- oder Laborarbeiten) ausgesetzt sind oder bestimmte Antibiotika einnehmen, haben vorrübergehend ein empfindlicheres Gehör, so dass auch unterhalb der Schwellenwerte ein Gehörschaden eintreten kann.
- **Beschäftigte mit Vorschädigung des Stützapparats** können ggf. nicht längere Zeit sitzen.

In solchen Fällen ist in der Regel eine fachkundige Beratung durch den Betriebsarzt notwendig.

Ein Beispiel für die Dokumentation der Bewertung der Gefährdungen ist ab Seite 102 dargestellt.

Schritt 4 Festlegen der Maßnahmen

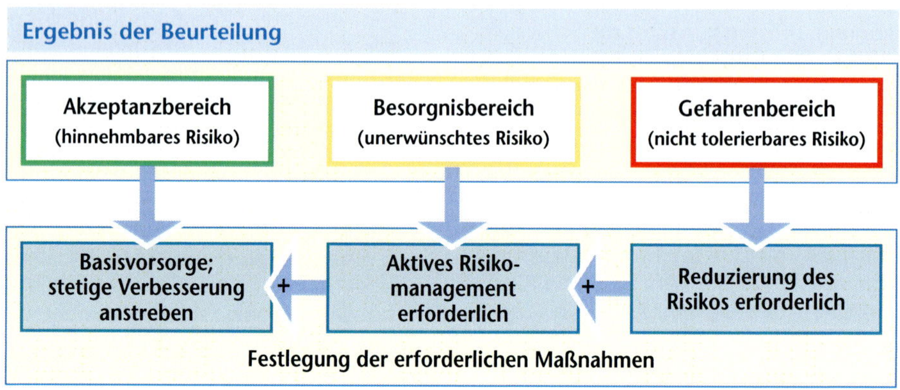

Abhängig von den Ergebnissen der Beurteilung sind in Schritt 4 die erforderlichen Maßnahmen zu ergreifen:

- Bei Gefährdungen im grünen Akzeptanzbereich reichen Maßnahmen der Basisvorsorge aus. Hierzu zählen z. B.:
  - Sicherstellung der dauerhaften Funktionsfähigkeit der Technik einschließlich der Sicherheitstechnik (z. B. durch regelmäßige Prüfungen und Wartung)
  - die Information der Beschäftigten über vorhandene Gefährdungen und ggf. erforderliche Vorgehensweisen, die deren Wirksamwerden möglichst vermeiden (z. B. durch Unterweisung im Sinne von § 12 ArbSchG bzw. § 4 DGUV Vorschrift 1)
  - Stetige Verbesserung der Arbeitsbedingungen gemäß § 3, Abs. 1, Satz 3 ArbSchG und Anpassung an den Stand der Technik
  - Regelmäßige Überprüfung der Gefährdungsbeurteilung orientiert am jeweils aktuellen Stand der Technik
- Gefährdungen im gelben Besorgnisbereich erfordern zusätzlich Maßnahmen des aktiven Risikomanagements, also den gezielten und geplanten Umgang mit erkannten Risiken. Hierzu gehören
  - Sicherstellung der dauerhaften Funktionsfähigkeit der Technik einschließlich der Sicherheitstechnik und intensivere Überwachung der Arbeitsbedingungen durch ein System vorbeugender Instandhaltung (auch um ein Überschreiten der Gefahrenschwelle zu verhindern)
  - Besondere Überwachungsmaßnahmen bei der Durchführung gefährlicher Arbeiten
  - Umsetzung der vorgeschriebenen Maßnahmen für den Besorgnisbereich (z. B. Schutzleitfäden der Stufe 2 bei inhalativen und dermalen Belastungen durch Gefahrstoffe, Maßnahmen gemäß Lärm- und Vibrationsarbeitsschutzverordnung bei Überschreitung der unteren Auslösewerte)
  - Überwachung des Gesundheitszu-

  - stands der Beschäftigten durch arbeitsmedizinische Vorsorge (auch um bei ersten Anzeichen einer Verschlechterung des Gesundheitszustands frühzeitig weitere Maßnahmen ergreifen zu können)
  - Arbeitsmedizinische Beratung, um die Bewältigungskompetenz der Beschäftigten zu erhöhen

- Bei Gefährdungen im **roten Gefahrenbereich** ist es in der Regel nicht zulässig, die entsprechenden Tätigkeiten auszuführen, solange nicht das Risiko hinreichend reduziert wurde. Zusätzlich zu den Maßnahmen für den Besorgnis- und Akzeptanzbereich sind insbesondere die vorgeschriebenen Maßnahmen für den Gefahrenbereich umzusetzen (z. B. Schutzleitfäden der Stufe 3 bei inhalativen und dermalen Belastungen durch Gefahrstoffe, Maßnahmen gemäß Lärm- und Vibrationsarbeitsschutzverordnung bei Überschreitung der oberen Auslösewerte).

Mit den Maßnahmen müssen die Mindestanforderungen in den Vorschriften erfüllt, d.h. unter anderem die relevanten Grenzwerte eingehalten werden. Weitere Hinweise, welche Maßnahmen geeignet sind, um die vorgeschriebenen Anforderungen zu erfüllen, enthalten insbesondere die Technischen Regeln.

Ob eine weitergehende Risikominderung vorgenommen wird, ist abhängig vom Gesamtziel des Unternehmens (Unternehmensphilosophie).

Bei der Auswahl der Maßnahmen müssen die im § 4 Arbeitsschutzgesetz formulierten allgemeinen Grundsätze beachtet werden:

1. Die Arbeit ist so zu gestalten, dass eine Gefährdung für Leben und Gesundheit möglichst vermieden und die verbleibende Gefährdung möglichst gering gehalten wird.
2. Gefahren sind an der Quelle zu bekämpfen.
3. Bei den Maßnahmen sind der Stand der Technik, Arbeitsmedizin und Hygiene sowie sonstige gesicherte arbeitswissenschaftliche Erkenntnisse zu berücksichtigen.
4. Maßnahmen sind mit dem Ziel zu planen, Technik, Arbeitsorganisation, sonstige Arbeitsbedingungen, soziale Beziehungen und Einfluss der Umwelt auf den Arbeitsplatz sachgerecht zu verknüpfen.
5. Individuelle Schutzmaßnahmen sind nachrangig zu anderen Maßnahmen.
6. Spezielle Gefahren für besonders schutzbedürftige Beschäftigtengruppen sind zu berücksichtigen.
7. Den Beschäftigten sind geeignete Anweisungen zu erteilen.
8. Mittelbar oder unmittelbar geschlechtsspezifisch wirkende Regelungen sind nur zulässig, wenn dies aus biologischen Gründen zwingend geboten ist. Die Maßnahmenhierarchie als Strategie zur Lösungssuche ist auf der Seite 84 dargestellt.

Schritt 4: Festlegen der Maßnahmen

Maßnahmenhierarchie

Lösungen sind entsprechend folgender Abbildung nach der Maßnahmenhierarchie systematisch beginnend von oben zu suchen, wobei erforderlichenfalls die Begleitmaßnahmen (z. B. Prüfungen, Unterweisungen) mit vorzusehen sind:

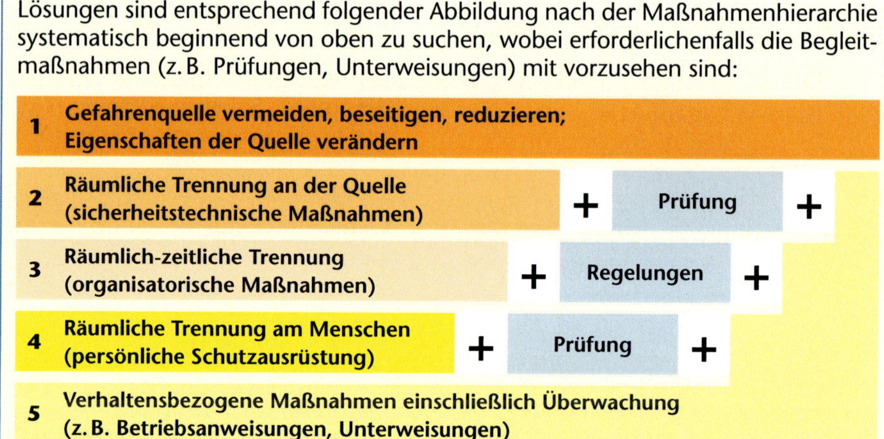

Abbildung: Maßnahmenhierarchie

Bei Gestaltungslösungen ist darauf zu achten, dass alle Gestaltungsfelder Technik – Organisation – Personal aufeinander abgestimmt und angepasst an den Menschen beachtet werden, so dass die Arbeitsbedingungen insgesamt sicher und gesundheitsgerecht gestaltet sind (menschengerechte Arbeitsgestaltung gem. § 2 Arbeitsschutzgesetz).

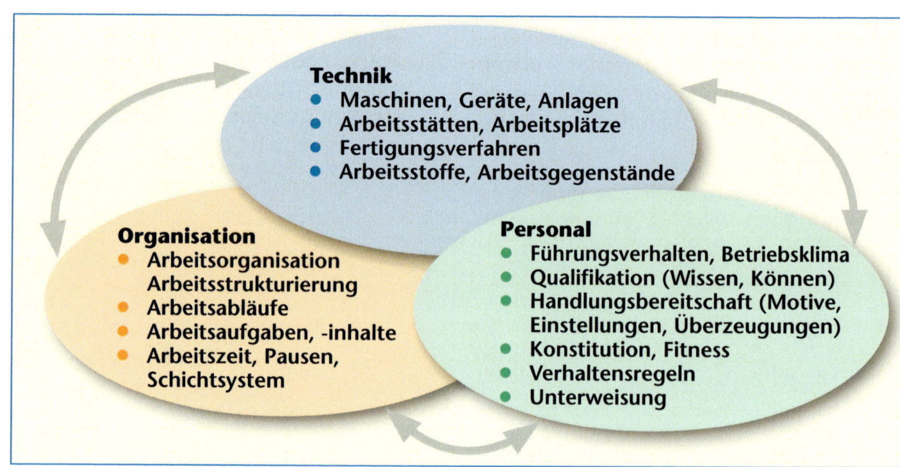

Abbildung: Auf einander abgestimmte Gestaltungsfelder Technik – Organisation – Personal

Prüfungen

Im Rahmen der Gefährdungsbeurteilung ist auch zu ermitteln, welche Prüfungen an Arbeitsmitteln und überwachungsbedürftigen Anlagen erforderlich sind (vgl. § 3 Abs. 6 BetrSichV).

Festzulegen sind auf der Grundlage der jeweiligen Einsatzbedingungen:

- die Prüfgegenstände (z. B. Arbeitsmittel, Schutzeinrichtungen, Persönliche Schutzausrüstungen, Anlagen)
- Art und Umfang der Prüfungen
- Prüffristen für wiederkehrende Prüfungen
- Anforderungen an den Prüfer

Dabei sind die Anforderungen an Prüfungen in der Technischen Regel TRBS 1201 und deren Teilen sowie Informationen des Herstellers in Betriebsanleitungen zu berücksichtigen. Es reicht jedoch nicht aus, diese empfohlenen Fristen zu übernehmen, sondern es ist zu prüfen, ob ggf. kürzere Prüffristen auf Grund besonderer Einsatzbedingungen erforderlich sind. Es ist aber auch möglich, die empfohlenen Prüffristen zu verlängern.
Für bestimmte Arbeitsmittel und für überwachungsbedürftige Anlagen sind in den Anhängen 3 und 2 Maximalprüffristen festgelegt, die nicht überschritten werden dürfen.

Einflussfaktoren auf veränderte Prüffristen sind u. a.:

- Einsatzzeiten, z. B. seltene Benutzung oder Dauerbetrieb bei Schichtarbeit
- Einsatzbedingungen, z. B. besondere Beanspruchungen durch hohe Temperaturen, Witterungseinflüsse
- Betriebszustand, beeinflussbar z. B. durch Art und Umfang von Instandhaltungsmaßnahmen.

Mit Prüfungen dürfen nur geeignete Personen beauftragt werden. Die Anforderungen an den Prüfer sind unter Berücksichtigung von § 2 Abs. 6 BetrSichV und TRBS 1203 festzulegen. **Arbeitsmittel** müssen durch **befähigte Personen** geprüft werden

- nach jeder Montage, wenn deren Sicherheit davon abhängt,
- in bestimmten Fristen wiederkehrend, wenn sie beschädigt werden können und dadurch gefährliche Situationen entstehen,
- bei Änderungen oder außergewöhnlichen Ereignissen, die Auswirkungen auf die Sicherheit der Arbeitsmittel haben können, z. B. Naturereignisse, Unfälle.

Hinweis:
Als befähigt gilt eine Person, die durch ihre Berufsausbildung, ihre Berufserfahrung und ihre zeitnahe berufliche Tätigkeit über die erforderliche Fachkenntnis zur Prüfung von Arbeitsmitteln verfügt. Befähigte Personen, die Prüfungen von Arbeitsmitteln nach Anhang 3 BetrSichV durchführen, müssen zusätzliche Qualifikationsanforderungen erfüllen.

Die Prüfung überwachungsbedürftiger Anlagen erfolgt grundsätzlich durch **zugelassene Überwachungsstellen**:

- vor Inbetriebnahme
- vor Wiederinbetriebnahme nach prüfpflichtigen Änderungen
- in bestimmten Fristen wiederkehrend.

Die Fristen für wiederkehrende Prüfungen überwachungsbedürftiger Anlagen sind in Anhang 2 BetrSichV festgelegt:

- Anhang 2 Abschn. 2: Prüfungen von Aufzugsanlagen
- Anhang 2 Abschn. 3: Prüfungen von Anlagen in explosionsgefährdeten Bereichen
- Anhang 2 Abschn. 4: Prüfungen von Druckanlagen

Bestimmte überwachungsbedürftige Anlagen können auch durch befähigte Personen mit zusätzlichen Qualifikationsanforderungen geprüft werden (vgl. Anhang 2 Abschn. 3 und 4).

Die **Ergebnisse der Prüfungen** sind gem. § 14 Abs. 7 und § 17 BetrSichV aufzuzeichnen.

Durch die Betriebssicherheitsverordnung werden keine konkreten Anforderungen an die Nachweisführung der Prüfungen von Arbeitsmitteln gestellt. Bewährte Nachweisformen, wie Prüfbücher, Prüfberichte oder Prüfplaketten, sollten mit folgenden Angaben weitergeführt werden:

- Art und Umfang der Prüfung
- festgestellte Mängel
- abgeleitete Maßnahmen
- Termin der nächsten Prüfung
- Datum und Name des Prüfers.

Ein Beispiel für die Dokumentation der erforderlichen Prüfungen ist auf Seite 108 dargestellt.

Sofern die Prüfung von einer zugelassenen Überwachungsstelle durchzuführen ist, ist von dieser eine Prüfbescheinigung über das Ergebnis der Prüfung mit folgenden Angaben zu fordern:

- Art der Prüfung,
- Prüfungsgrundlagen,
- Prüfumfang,
- Wirksamkeit und Funktion der getroffenen Schutzmaßnahmen,
- Ergebnis der Prüfung und
- Frist bis zur nächsten wiederkehrenden Prüfung.

In Aufzuganlagen ist eine Prüfplakette anzubringen.

Aufzeichnungen von Prüfungen können auch in elektronischer Form aufbewahrt werden.

Maßnahmen zur Vermeidung psychischer Fehlbeanspruchungen

Im Schritt 2 „Ermittlung der Gefährdungen" wurde auf psychische Fehlbeanspruchungen hingewiesen, die sich aus der Arbeitsaufgabe, der Arbeitsorganisation, aus sozialen Bedingungen oder aus Arbeitsplatz- und Arbeitsumgebungsbedingungen ergeben können, wenn sie ungenügend gestaltet sind.
Im Folgenden werden Gestaltungsmaßnahmen aufgeführt, die dem Entstehen von psychischen Fehlbeanspruchungen entgegenwirken (vgl. auch „Erkennungsleitfaden für Gefährdungen", Seiten 68ff.).

10. Psychische Faktoren

10.1 ungenügend gestaltete Arbeitsaufgabe

Tätigkeitsstrukturen

■ *Aufgabenbereicherung*

Kombination anforderungsverschiedener Tätigkeiten: Übertragen von Vorbereitungs-, Einrichtungs-, Wartungs-, Instandhaltungs-, Dispositions-, Abrechnungs- und Prüftätigkeiten (z. B. Materialeingangsprüfung, Programmieren, Selbstkontrolle der Erzeugnisse, kleinere Reparaturen)

■ *Aufgabenerweiterung*

Ausdehnung des ursprünglichen Aufgabenumfanges durch Kombination von Tätigkeiten mit ähnlichem Anforderungsniveau (z. B. neben Bohren auch Entgraten, Schleifen, Sägen, Abkanten)

■ *Aufgabenwechsel*

Regelmäßiger Wechsel anforderungsähnlicher Tätigkeiten zwischen verschiedenen Personen, z. B.:

Person A:
statt nur Drehen ➡ Drehen und Bohren

Person B:
statt nur Bohren ➡ Bohren und Drehen

■ *Gruppenarbeit*

Gruppenarbeit in kleinen Bereichen nach selbst zu organisierender Funktionsverteilung in der Gruppe. Die Einführung von Gruppenarbeit bedarf einer gründlichen Vorbereitung und sollte durch Experten begleitet werden.

Widersprüchliche Anforderungen – Widerspruchsfreiheit

Aufgabenstellungen sollten widerspruchsfrei abgearbeitet werden können. Dazu ist es notwendig, die Arbeitsbedingungen so zu gestalten, dass die im Arbeitsauftrag formulierten Anforderungen (z. B. Qualitäts-, Termin- und Mengenvorgaben) auch bewältigt werden können.
Zu vermeiden sind u. a. unterschiedliche Anweisungen von Vorgesetzten, fehlende oder zu spät eintreffende Informationen sowie unrealistische Terminstellungen. Die Zeit zum Ausführen eines Auftrages darf nicht so kurz bemessen sein, dass Freiräume z. B. nur durch das Umgehen von sicherheitsrelevanten Handlungen geschaffen werden können.

Komplexität der Aufgaben

Eine Überforderung der Leistungsvoraussetzungen der Beschäftigten kann quantitativ (z. B. Zeitdruck) sowie qualitativ (z. B. Schwierigkeitsgrad von Arbeitsaufgaben) verursacht sein. Die Arbeitsaufgaben sollten daher stets den Fähigkeiten und Fertigkeiten sowie der Qualifikation der Beschäftigten entsprechen. Schwierigkeiten bei der Vorbereitung oder Ausführung von Aufgaben lassen sich am besten in Zusammenarbeit mit anderen Beschäftigten bzw. mit dem Vorgesetzten lösen. Günstig ist ebenfalls eine Mischung von geistig fordernden Aufgaben und Routineaufgaben, welche das Risiko psychischer Ermüdung herabsetzt. Die Möglichkeit von Haltungs- und Bewegungswechsel beugt Stresserleben vor.

Qualifikation

Grundsätzlich sollen die Leistungsvoraussetzungen der Beschäftigten durch Qualifizierung mindestens erhalten, besser jedoch gefördert und verbessert werden.

Möglichkeiten:

- Personalauswahl
- bei Unterqualifizierung: Anpassungsqualifizierung, berufsbegleitende Fortbildung
- bei Überqualifizierung: Tätigkeitsanreicherung mit anforderungshöheren Aufgaben, Arbeitsplatzwechsel.

Bevor eine Stelle/Funktion besetzt wird, sollten genaue Vorstellungen über die Voraussetzungen des benötigten Mitarbeiters existieren (Stellenbeschreibung).

Durch Vergleich der Stellenbeschreibung mit den Leistungsmerkmalen (körperliche und geistige Voraussetzungen) des Bewerbers können im Vorfeld vorprogrammierte Fehlbeanspruchungsfolgen abgebaut werden.

Die „Eignung“ von Beschäftigten für spezielle Tätigkeiten sollte dabei unter Beachtung von Beschäftigungsbeschränkungen durch Erstuntersuchungen vor Aufnahme der Tätigkeit festgestellt werden.

Für Tätigkeiten, die eine Teamarbeit voraussetzen, sollte im Vorfeld die Teamfähigkeit des Bewerbers bzw. Beschäftigten eingeschätzt werden.

Unterweisung

■ *Gefährdungspotenzial*

Das Wissen über ein hohes Gefährdungspotenzial kann zu Überforderung (Angstgefühle, hohe Aufmerksamkeitsbeanspruchung) führen.

Empfehlungen:

- Erhöhung der technischen Sicherheit
- Information der Beschäftigten über technische, organisatorische und personenbezogene Maßnahmen
- Hinweise auf wichtige Verhaltensregeln (Aufklärung, Motivation).

Information

Unternehmen leben durch einen geregelten Informationsfluss. Um Informationen rechtzeitig und vollständig weitergeben zu können, sollten Beschäftigte entsprechende Zugriffsmöglichkeiten haben (z. B. Intranet, zentrale Stellen für allgemeine und spezielle Informationen, Handlungshilfen, Anweisungen/Regelungen usw.) oder die

Informationsweitergabe und -filterung von „oben nach unten" effektiv gestaltet sein. Es ist darauf zu achten, dass die Informationen in der „Sprache des Empfängers" geschrieben werden. Hierzu sind regelmäßig entsprechende Rückmeldungen von den Beschäftigten einzuholen.

Schulungen

Kontinuierliche angepasste Schulung und Qualifikation der Beschäftigten sollten fester Bestandteil der Personalentwicklung im Unternehmen sein. Der Bedarf an Qualifizierungsmaßnahmen ist regelmäßig festzustellen und in die betriebliche Planung einzuordnen.

Neben den Schulungen, die sich direkt auf die Arbeitsaufgabe beziehen, sollten beispielsweise auch Programme zur Gesundheitsförderung, Sprachlehrgänge oder interne Unternehmenspräsentationen durchgeführt werden.

Handlungsspielraum

Handlungsspielräume können inhaltlich (Wahl von Vorgehensweisen, Arbeitsmitteln usw.) und zeitlich (Wahl der Abfolge von Teiltätigkeiten, Pausengestaltung usw.) bestehen. Die Beschäftigten sollten die Möglichkeit haben, selbst optimale Bearbeitungswege zu wählen und dadurch die Ablauforganisation zu verbessern.

nicht beeinflussbare Arbeitsabfolgen

Oftmals haben die Beschäftigten auf Grund der Automatisierung der Fertigung oder durch Verfahrensanweisungen (z. B. Gesprächsleitfaden im Call-Center) nur geringe oder gar keine Möglichkeiten, die Abfolge der Tätigkeiten und Aufgaben unmittelbar zu beeinflussen. Häufig sind technologische Zwänge dafür verantwortlich, dass keine Gestaltungsmöglichkeiten im Hinblick auf individuelle Anpassungen bestehen. Hier ist es umso wichtiger, durch arbeitsorganisatorische Maßnahmen (z. B. Aufgabenbereicherung, -erweiterung oder -wechsel) den Monotonie- sowie Ermüdungserscheinungen entgegenzuwirken. Durch die Maßnahmen wird zusätzlich die Flexibilität der einzelnen Beschäftigten erhöht, was sich im Vertretungsfall (Urlaub oder Krankheit) positiv auswirken kann.

Transparenz

Tätigkeiten sollten vorhersehbar sein. Dies kann einerseits durch technische Hilfsmittel (z. B. akustische und/oder visuelle Signale zur Ankündigung von Operationen an Maschinen) erfolgen als auch durch Arbeitsablaufpläne oder Mengen/Zielvorgaben geregelt sein. Die gegebenen Vorankündigungen sollten rechtzeitig und genau erfolgen und Spielräume für eigenständiges Handeln lassen.

Entscheidungen

Um Entscheidungen treffen zu können, müssen die erforderlichen Informationen zur Verfügung stehen. Das setzt voraus, dass die Abläufe des Arbeitsprozesses transparent sowie adäquate Entscheidungsbefugnisse des Entscheidungsträgers vorhanden sind. Außerdem müssen die Folgen der zu treffenden Entscheidungen bekannt sein.

Rückmeldungen

Die Beschäftigten benötigen für eine kontinuierliche fehlerfreie Arbeit regelmäßige Rückmeldungen über die Arbeitsergebnisse.

Dabei ist zu beachten, dass Rückmeldungen

- möglichst zeitnah,
- detailliert,
- konstruktiv und
- ggf. vertraulich

durch Mitarbeiter (z. B. Qualitätskontrolle) und/oder Vorgesetzte (z. B. Anerkennung oder Kritik) gegeben werden.

zeitlicher Spielraum/Störungen

Zeitdruckerleben und häufige Störungen weisen auf Planungsfehler bzw. auf eine schlechte Arbeitsorganisation hin.

Einige Gestaltungsaspekte:

- Aufgabenverteilung optimieren (z. B. durch Delegation, Vertreter bzw. Springer definieren, Vermeiden von Doppelarbeit)
- störungsfreies Arbeiten ermöglichen (z. B. durch Einführung von Besuchszeiten)
- Aufbau klarer und direkter Informationssysteme; die Beschäftigten sollten Einblick in und Verständnis für die gesamtbetrieblichen Prozesse haben (Motivation)
- regelmäßige Anleitung zum Verhalten in Störungssituationen
- angemessenes Pausensystem
- Zeitpuffer einrichten.

Arbeit mit Kunden

Beschäftigte mit Kontakt zum Kunden sollten regelmäßig zu den Themen Kommunikation und Konfliktmanagement geschult werden. Wichtig ist außerdem eine ausreichende Produktkenntnis, um die Anfragen des Kunden zufriedenstellend beantworten zu können. Der Zugang zu einer schnell abrufbaren Datenbank erleichtert die Weitergabe von Informationen an den Kunden.

10.2 ungenügend gestaltete Arbeitsorganisation

Arbeitsablauf

Nicht durchdachte (nicht geplante) Arbeitsabläufe erzeugen Hektik und Stress. So ist häufig bei nicht geplanten Arbeitsabläufen die zu bewältigende Arbeitsmenge am Arbeitsende viel größer als am Arbeitsbeginn.

Bei der Planung von Arbeitsabläufen beachten:

- Wer arbeitet mit wem?
- Was hat er genau zu tun?
- Mit welchen Arbeitsmitteln wird gearbeitet?
- Wurde die genaue Terminplanung bekannt gegeben?
- Wer übernimmt die Führung bzw. ist bei Unklarheiten und Störungen verantwortlich?
- Was genau ist bei Unklarheiten zu tun?
- Haben alle Beteiligten den Arbeitsauftrag bzw. die Arbeitsanweisung verstanden?

Kompetenz/Verantwortung

Müssen Beschäftigte Entscheidungen unter unzureichenden organisatorischen

und technischen Voraussetzungen treffen, deutet dies auf eine nicht optimierte Unternehmensführung hin.
Grundsätzlich sollten klare und direkte Informationssysteme geschaffen werden.

Pausen

Empfehlungen:

- Entdichtung der täglichen Arbeitszeit durch Arbeitspausen und Erholzeiten
- individuelle Festlegung des Pausenzeitpunktes (Kurzpausen) durch die Beschäftigten.

Möglichkeit zu Kurzpausen:

Nach längerer Tätigkeitsdauer kann die Belastung mittels Kurzpausen vermindert werden. Dabei ist insbesondere die Bedeutung mehrmaliger Unterbrechungen (z. B. bei Bildschirmarbeit) für die Erholung des Beschäftigten hervorzuheben.

Der Erholungswert von Pausen verringert sich, wenn die Ermüdung bereits eingetreten ist.

Die Verteilung der Kurzpausen über den Arbeitstag sollte so geschehen, dass der Arbeitsrhythmus sowie Arbeitsinhalt und Arbeitsablauf nicht zu sehr beeinträchtigt werden.

Gestaltungshinweise:

- Einhaltung der o.g. Pausenempfehlungen
- Unterbrechen der Arbeit zur Pausennahme sollte nicht als Bummelei kritisiert werden, sondern sinnvoll zum Erhalt der Leistungsfähigkeit angesehen werden.
- Einrichten einer „Pausenecke", Teeküche, Möglichkeit zu körperlicher Betätigung (z. B. Entspannungsübungen)
- Möglichkeit zum Verlassen des Arbeitsplatzes und zur Unterbrechung von Überwachungstätigkeiten oder Telefonbereitschaften.

10.3 ungenügend gestaltete soziale Bedingungen

Führungsstil/Gruppenverhalten

Anerkennung und Bestätigung, aber auch Kritik, sollten Beschäftigte regelmäßig erfahren. Sich mit der Arbeit zu identifizieren, Anerkennung von Kollegen und dem Vorgesetzten zu erhalten, beeinflusst nicht nur das persönliche Wohlbefinden, sondern wirkt sich auch auf die Arbeitsmoral und die Leistung aus.

Das soziale Klima, Konflikte und die Leistungsbereitschaft in der Belegschaft hängen vor allem ab von

- der betrieblichen Stabilität in der aktuellen Marktsituation und
- dem Führungsstil des Vorgesetzten.

Ein stark autoritärer Führungsstil führt bei den Beschäftigten in der Regel zu Konkurrenzverhalten untereinander und damit zu weniger transparenten Informationsbeziehungen. Informationen werden zurückgehalten und der eigene Vorteil wird häufig zum bestimmenden Handlungsmotiv.
Einige methodische Empfehlungen zum Führungsverhalten:

- Förderung von Methoden der Team- und Gruppenarbeit

- Setzen weniger, klarer Grenzen und Ermutigung zu eigenverantwortlichem Handeln innerhalb dieses Rahmens
- häufige positive Anerkennung als ermutigende Rückmeldung, die direkt, persönlich und konkret ausgesprochen werden sollte.

Günstig für die Führungspersönlichkeit sind daher

- partizipative, d.h. mitarbeiterbeteiligende Führungskompetenz,
- individuelle Konflikt- und Frustrationstoleranz,
- psychische Stabilität in unentschiedenen oder chaotischen Situationen,
- Sensibilität für soziale Spannungen und
- Kompetenz beim Ansprechen und Lösen von Konflikten.

Möglichkeiten, diese Fähigkeiten zu fördern, bestehen in

- Verhaltenstraining im Team,
- Managementtraining oder
- Coaching.

Kooperation/Kommunikation

Kooperation und Kommunikation sind soziale Grundbedürfnisse des Menschen und spielen bei der Gestaltung effektiver Arbeit eine wichtige Rolle. Günstig sind:

- kooperative Arbeitsstrukturen
- klare und direkte Informationssysteme (z. B. Beratungs-/Informationsstützpunkt schaffen)
- kommunikationsfreundliche Arbeitsplatzanordnungen
- Vermeidung von Einzelarbeitsplätzen und Arbeitsplätzen in isolierten Räumen
- Funktelefon bei Außendienst.

10.4 ungenügend gestaltete Arbeitsplatz- und Arbeitsumgebungsbedingungen

Gefährdungsfaktoren der Klassen 1 bis 9 und 11

Ungenügend gestaltete Arbeitsplätze und Arbeitsumgebungsbedingungen beeinflussen die Handlungsfähigkeit und damit die Leistungsfähigkeit der Beschäftigten in hohem Maß. Unter Beachtung des technischen und technologischen Fortschritts sollten die Arbeitsplätze ergonomisch gestaltet und die Maßnahmen für Sicherheit und Gesundheit der Beschäftigten angepasst werden.

Informationsaufnahme

- Informationen sind eindeutig darzustellen, z. B. durch die Bereitstellung von Bereichsinformationen (akzeptabel, nicht akzeptabel) bei der Darstellung von Systemzuständen.
- Informationen sind unterscheidbar darzustellen, z. B. durch optimale Intensität der Signale, unterschiedliche Kodierung von Signalen durch Form, Farbe, Dauer oder Zeitcharakteristiken, Reduktion der Intensität des Hintergrundes sowie durch Maskieren und Filtern mit Hilfe technischer Systeme.

- Der Grad der möglichen Redundanz von Informationen, der die Aufgabendurchführung erleichtert, sollte vom Beschäftigten selbst gewählt werden können.

■ *Nichtwahrnehmung von optischen Signalen, Unverständlichkeit*

- Optische Gefahrensignale müssen erkennbar und unterscheidbar sein, um darauf wie vorgesehen reagieren zu können.
- In regelmäßigen Schulungen sind die verschiedenen Signalarten bzw. Störungsmeldungen (vgl. DIN EN 981) zu unterrichten.

■ *Informationsgestaltung auf Bildschirmen*

Es sind die ergonomischen Anforderungen für Tätigkeiten mit Bildschirmgeräten zu beachten (vgl. EN ISO 9241-10). Grundsätze der Dialoggestaltung:

- *Aufgabenangemessenheit:* Der Benutzer wird unterstützt, seine Arbeitsaufgabe effektiv und effizient zu erledigen.
- *Selbstbeschreibungsfähigkeit:* Dem Benutzer ist durch die Gestaltung der Oberfläche jeder einzelne Dialogschritt unmittelbar verständlich oder wird auf Anfrage erklärt.
- *Steuerbarkeit*: Der Benutzer ist in der Lage, den Dialogablauf zu starten sowie seine Richtung und Geschwindigkeit zu beeinflussen, bis das Ziel erreicht ist.
- *Erwartungskonformität:* Der Dialog ist konsistent und entspricht den Erwartungen des Benutzers, z.B. den Kenntnissen aus dem Arbeitsgebiet, der Ausbildung und der Erfahrung des Benutzers sowie den allgemein anerkannten Konventionen.
- *Fehlertoleranz:* Das beabsichtigte Arbeitsergebnis ist trotz erkennbar fehlerhafter Eingaben entweder mit keinem oder mit minimalem Korrekturaufwand durch den Benutzer erreichbar.
- *Individualisierbarkeit:* Das Dialogsystem lässt Anpassungen an die Erfordernisse der Arbeitsaufgabe, individuelle Vorlieben des Benutzers und Benutzerfähigkeiten zu.
- *Lernförderlichkeit:* Der Benutzer wird beim Erlernen des Dialogsystems unterstützt und angeleitet.

Die verwendete Software sollte durch die Nutzer nach den o.g. Grundsätzen evaluiert und ggf. angepasst werden. Regelmäßige Nutzerschulungen unterstützen die optimale Verwendung der Software. Ist eine Anpassung nicht möglich, sind moderierte Workshops mit Anwendern der entsprechenden Software zu empfehlen, um Gestaltungsmängel bzw. -vorschläge zu sammeln und an den Softwarehersteller zu übermitteln.

Gestaltungsmerkmale für Schriftzeichen sind z.B.:

- Positivdarstellung (dunkle Zeichen auf hellem Grund). Die Lesbarkeit ist um so besser, je größer der Unterschied in Leuchtdichte und Farbe zwischen Schriftfarbe und Hintergrundfarbe ist.

- Schriftarten verwenden, die eine Verwechslung von Zeichen reduzieren (überprüfbar z. B. an O und 0, U und V, S und 5)
- Größe der verwendeten Schriftart dem Sehabstand zum Bildschirm anpassen
- Mindestschrifthöhe der Großbuchstaben nicht unter 2,6 mm

■ *Nichtwahrnehmung von akustischen Signalen, Unverständlichkeit, Gefahrensignale*

- Akustische Gefahrensignale müssen unter allen Umgebungsbedingungen erkennbar und unterscheidbar sein, um darauf wie vorgesehen reagieren zu können.
- In regelmäßigen Schulungen sind die verschiedenen Signalarten bzw. Gefahrmeldungen (vgl. DIN EN 981) zu unterrichten.

Wahrnehmungsumfang

■ *zu hohe Informationsdichte*

Gestaltungsmöglichkeiten:
- nur die Informationen bereitstellen, die wirklich zur Aufgabenerfüllung notwendig sind
- nicht ständig vorzuhaltende Informationen sollen bei Bedarf durch den Anwender abgerufen werden können
- Informationen übersichtlich strukturiert und für den vorgesehenen Zweck angemessen darstellen
- Handlungsspielräume schaffen
- Mehrmaschinenbedienung vermeiden

■ *herabgesetzte Wachsamkeit (Vigilanzprobleme)*

Maßnahmen zur Verringerung der Vigilanzprobleme sind z. B.:
- Vermeiden von Daueraufmerksamkeitsanforderungen oder Verringern des zeitlichen Umfangs
- Tätigkeitswechsel und Arbeitsanreicherung
- häufige Kurzpausen
- ergonomische Gestaltung aller Informationsgeber (Signalauffälligkeit)
- Vermeiden eintöniger akustischer Reizbedingungen

■ *Ausnahmesituationen*

Bei den in regelmäßigen Abständen (mind. alle 6 Monate) stattfindenden Probeläufen von akustischen Notsignalen soll geprüft werden, ob alle im Signalempfangsbereich befindlichen Personen das entsprechende Notsignal erkennen können. Dabei sind neben den betriebsüblichen Bedingungen auch die Einflüsse von Störungen, Ablenkungen und Havariefällen zu bedenken.

Aufgrund der Komplexität der optischen Umgebung und den damit verbundenen individuellen Wahrnehmungsunterschieden sollte ein System optischer Gefahrensignale regelmäßig mit einer repräsentativen Auswahl von Personen geprüft werden. Hierbei sind ebenfalls die Einflüsse von Störungen, Ablenkungen und Havariefällen zu bedenken.

ungeeignete Bedienelemente (Stellteile, Anzeigen), erschwerte Handhabbarkeit

Für die Gestaltung von Anzeigen und Stellteilen gelten die Anforderungen

nach DIN EN 894-1. Diese beziehen sich auf die Aufgabenangemessenheit, Selbsterklärungsfähigkeit, Steuerbarkeit, Erwartungskonformität, Fehlerrobustheit sowie Anpassbarkeit und Erlernbarkeit.

Gestaltungsempfehlungen für Stellteile sind z. B.:

- ergonomische Auswahl
- körperlich belastende Handhabung von Stellteilen vermeiden
- Stellteile so anordnen, dass sie hohe Greif- und Stellgeschwindigkeiten ermöglichen
- Stellteile und Aggregat bzw. Maschine oder Stellteil und Anzeigengerät örtlich zusammengehörig anordnen, z. B. rechts hinten angeordnetes Stellteil zum Stellen einer rechts hinten angeordneten Maschine bzw. Anlage
- häufig benutzte Stellteile im kleinen Greifraum – selten benutzte Stellteile im großen Greifraum anordnen
- Rückmeldung von Informationen gewährleisten
- Griffigkeit von Stellteilen
- Sinnfälligkeit zwischen der Bewegung von Stellteilen und der ausgelösten Wirkung (z. B. sinnfällige Zuordnung der Bewegungsrichtung von Drehknöpfen zur Zeigerbewegung bei Anzeigen mit fester Skala)
- eindeutige Kennzeichnung von Stellteilen durch Beschriftung oder Symbole
- Erkennbarkeit der Stellung des Stellteils
- Verhinderung des unbeabsichtigten Betätigens von Stellteilen.

Gestaltungsempfehlungen für Anzeigen sind z. B.:

- Ablesegenauigkeit nicht größer als erforderlich gestalten
- zusätzliche und unnötige Informationen vermeiden
- Anzeige einfach und unmissverständlich gestalten
- bei fester Skala: Ziffern aufrecht anordnen
- bei bewegter Skala: Ziffern tangential anordnen
- Zeigerspitze und Skalenstrich gleich stark ausführen
- Ablesefehler durch Parallaxe bei schräger Beobachtung vermeiden
- Skala nicht durch Zeiger verdecken.

Maßnahmen für besondere Beschäftigtengruppen

Arbeitsbedingungen müssen grundsätzlich so gestaltet sein, dass die Beschäftigten im Rahmen ihrer Leistungsvoraussetzungen unter diesen Bedingungen sicher und gesundheitsgerecht arbeiten können (vgl. DIN EN ISO 26800).

Nur so können sie optimale Ergebnisse erzielen. Bei besonderen Beschäftigtengruppen sind vielfach angepasste Maßnahmen erforderlich.

- **Jugendliche**
  Der Entwicklungsstand der Jugendlichen mit mangelndem Sicherheitsbewusstsein und geringer Erfahrung ist beispielsweise bei der Auswahl der Tätigkeiten, der Unterweisung, Hinführung und Überwachung sowie der Gestaltung der Arbeitsbedingungen zu berücksichtigen.

  Nach dem **Jugendarbeitsschutzgesetz** hat der Arbeitgeber Vorkehrungen und Maßnahmen zu treffen, die zum Schutz der Jugendlichen vor Gefahren für Leben und Gesundheit sowie zur Vermeidung einer Beeinträchtigung der körperlichen oder seelisch-geistigen Entwicklung der Jugendlichen erforderlich sind. Dazu stellt das Jugendarbeitsschutzgesetz zahlreiche Bedingungen an die Beschäftigung von Jugendlichen.

- **Neulinge**
  Ähnlich wie Jugendliche haben Beschäftigte, die eine Tätigkeit neu aufnehmen, wenig Erfahrung bei gleichzeitig erhöhter Motivation.

  Da Neulinge die Gefährdungen am Arbeitsplatz und die notwendigen Maßnahmen nicht kennen, sind die Qualifizierung, Unterweisung und Überwachung besonders wichtig.

- **Ältere Beschäftigte**
  Mit zunehmendem Alter nehmen einerseits z. B. Muskelstärke, Schnelligkeit, Seh- und Hörvermögen oder Merkfähigkeit ab. Andererseits nehmen Erfahrungswissen, Urteilsvermögen, Selbstständigkeit, soziale Kompetenz oder Verständnis fürs Ganze mit dem Alter zu (vgl. „Länger arbeiten in gesunden Organisationen. Praxishilfe zur alternsgerechten Arbeitsgestaltung" INQA-Broschüre 2009). Das macht Anpassungsmaßnahmen erforderlich (siehe nachfolgende Tabelle).

- **Behinderte**
  Nach der UN-Behindertenrechtskonvention und dem Sozialgesetzbuch IX steht die Inklusion behinderter Menschen im Mittelpunkt, also ihre selbstbestimmte Teilhabe am gesellschaftlichen Leben und die Beseitigung der Hindernisse, die ihrer Chancengleichheit entgegenstehen. Das gilt auch für die Arbeit. Betriebe über 20 Arbeitsplätzen müssen mindestens 5 % der Arbeitsplätze mit schwerbehinderten Menschen beschäftigten (vgl. § 71 SGB IX) und die Arbeitsbedingungen so gestalten, dass sie den Leistungsvoraussetzungen dieser Menschen gerecht werden.

Das schließt nach § 81 SGB IX das Recht auf behindertengerechte Einrichtung und Unterhaltung der Arbeitsstätten und der Arbeitsplätze sowie die Ausstattung mit erforderlichen technischen Arbeitshilfen ein. Der Ar-

beitgeber kann nach § 34 SGB IX Unterstützung und Leistungen von Rehabilitationsträgern erhalten.

Vertiefende Informationen enthält die Broschüre „Rehabilitation und Teilhabe behinderter Menschen" des Bundesarbeitsministeriums.

- **Rehabilitanden**
  Nach einem Unfall oder einer Erkrankung sollen die Beschäftigten möglichst weitgehend wieder in den Arbeitsprozess eingeführt werden.

  Die Arbeitsbedingungen müssen zur Eingliederung und ggf. zur Weiterbeschäftigung dementsprechend angepasst werden

- **Werdende und stillende Mütter**
  Sobald der Arbeitgeber Kenntnis erlangt, dass eine Beschäftigte schwanger ist, muss er die erforderlichen Maßnahmen nach §§ 3 bis 8 **Mutterschutzgesetz** unter Berücksichtigung der besonderen Schutzbedürftigkeit unmittelbar ergreifen.

Gefährdungsfaktor	altersbezogene physische und psychische Veränderung	Anpassung der Arbeitsbedingungen
7.1 Lärm	altersbedingte Schwellenverschiebungen der Hörbarkeit von Tönen; Hörminderung	deutliche Unterschreitung der maximal zulässigen Expositionswerte; Signalgeräusche deutlich von Hintergrundgeräuschen absetzen
7.3 Ganzkörpervibrationen	Veränderungen am Stütz- und Gewebesystem, vor allem an den Bandscheiben, den Gelenken und der Beweglichkeit der Gliedmaße	Expositionen gegenüber Ganzkörpervibrationen so gering wie möglich halten; Arbeitsaufgabenwechsel (job rotation)
7.4 Hand-Arm- Vibrationen	Veränderungen am Stütz- und Gewebesystem, vor allem an den Gelenken und der Beweglichkeit der Gliedmaße	deutliche Unterschreitung der Expositionsgrenzwerte; geeignete Arbeitsmittel einsetzen, zusätzlicher Einsatz vibrationshemmender Handschuhe und Protektoren
8.1 Klima (Kälte)	Veränderungen im Herz-Kreislauf-System und im Energieumsatz; weniger Kälteverträglichkeit	Optimieren der Umgebungstemperaturen, wenn möglich, sonst: Kälteschutzkleidung benutzen; Pausensysteme einführen

Gefährdungsfaktor	altersbezogene physische und psychische Veränderung	Anpassung der Arbeitsbedingungen
8.1 Klima (Hitze)	Veränderungen im Herz-Kreislauf-System und im Energieumsatz; Hitzeunverträglichkeit	Hitzebelastung am Arbeitsplatz vermindern
8.2 Beleuchtung, Licht	altersbedingte Veränderungen an der Augenstruktur (z. B. Sehschwäche, verändertes Farbensehen)	deutliche Erhöhung der empfohlenen Beleuchtungsstärke für Beschäftigte ab dem 55. Lebensjahr; zusätzliche Arbeitsplatzbeleuchtung als Ergänzung zur Allgemeinbeleuchtung; Erhöhung des Kontrasts an Sichtgeräten und Messinstrumenten, Vergrößerung der Schrift und Symbole auf Monitoren und Sichtgeräten; Blendung vermeiden, Blau-Grün-Unterscheidung aus dem Signalangebot entfernen
9.3 Haltungsarbeit/ Haltearbeit	Veränderungen am Stütz- und Gewebesystem, vor allem an den Bandscheiben, den Gelenken und der Beweglichkeit der Gliedmaße; Nachlassen der Kraft	Wechsel zwischen Steh- und Sitz-Arbeit ermöglichen; höhenverstellbare Arbeitstische; Fuß- und Armauflagen; verstellbare Arbeitssitze; ergonomisch gestaltete Greif- und Sehbereiche, Gegenstände, Kontrollgeräte usw. so positionieren, dass Zwangshaltungen vermieden werden; Mischarbeit
9.4 statische und dynamische Arbeit	Veränderungen am Stütz- und Gewebesystem, vor allem an den Bandscheiben, den Gelenken und der Beweglichkeit der Gliedmaße; Nachlassen der Kraft	größere Hebe- und Trageaktionen sowie Schieben und Ziehen vermeiden; deutliche Reduzierung der Lastgewichte; schnelles Heben vermeiden; extreme Rumpfbeugehaltungen vermeiden; Unterweisung zum korrekten Heben und Tragen; Einsatz von Hebehilfen; sichere Standflächen garantie ren; Arbeitsaufgabenwechsel

Gefährdungsfaktor	altersbezogene physische und psychische Veränderung	Anpassung der Arbeitsbedingungen
		(job rotation); genügend Pausen zwischen den einzelnen Arbeitsaufgaben
10.1/10.2 ungenügend gestaltete Arbeitsaufgabe, Arbeitsorganisation	verminderte Wahrnehmung und Entscheidungsfähigkeit; Defizite bei der Aufmerksamkeit und beim Gedächtnis; Schwierigkeiten bei der Umsetzung	längere Trainingsabschnitte; Ergänzung der Praxis durch schriftliche Arbeitsanweisungen; Erhöhung der Signal-Geräusch-Relation am Arbeitsplatz; Aufgaben übertragen, die eine gute Mischung von Erfahrungswissen und Weiterbildung erfordern

Schritt 5 Durchführen der Maßnahmen

Nachdem die Maßnahmen festgelegt wurden, müssen sie umgesetzt werden. Um dies systematisch durchführen zu können, ist in der Regel ein übersichtlicher Maßnahmenplan erforderlich. Darin wird für jede Maßnahme

- ein konkreter Umsetzungstermin festgelegt und
- bestimmt, wer für die termingerechte Umsetzung verantwortlich ist.

Zudem ist es sinnvoll, bereits jetzt Termine für die Überprüfung der Wirksamkeit der Maßnahme festzulegen und auf Wiedervorlage zu legen.

Für bestimmte Maßnahmen, wie z. B. die Beschaffung neuer Arbeitsmittel, ist es anzuraten, die Fachkraft für Arbeitssicherheit und ggf. den Betriebsarzt möglichst frühzeitig in die Planung mit einzubeziehen, um sicherzustellen, dass die Anforderungen des Arbeitsschutzes vorausschauend berücksichtigt und spätere teure und meist weniger wirksame Nachbesserungen vermieden werden.

Ein Beispiel für die Dokumentation der Festlegung, Durchführung und Überprüfung erforderlicher Maßnahmen ist auf Seite 106 dargestellt.

Schritt 6 Überprüfen der Wirksamkeit

Die für die Tätigkeit zuständige Führungskraft ist in der Regel für die Überprüfung der Wirksamkeit verantwortlich. Es ist sinnvoll, ggf. die Fachkraft für Arbeitssicherheit und den Betriebsarzt zur Beratung hinzuzuziehen.

Die Überprüfung der Wirksamkeit umfasst drei Schritte:

- Durchführungskontrolle: Zunächst ist zu überprüfen, ob die festgelegten Maßnahmen durchgeführt wurden.
- Wirksamkeitskontrolle: Für jede festgestellte Gefährdung ist zu beurteilen, ob durch die Maßnahmen der erforderliche Sollzustand zuverlässig erreicht wird (Zielerreichungsprüfung). Hierfür sollte die Dokumentation der Gefährdungsbeurteilung mit herangezogen werden. Darüber hinaus ist zu überprüfen, ob die Arbeitsbedingungen insgesamt sicher, gesundheits- und menschengerecht gestaltet sind und ob ggf. neue, noch nicht erfasste Gefährdungen auftreten.
- Erhaltungskontrolle: Wurde das Ziel der Maßnahme erreicht, ist zu prüfen, ob der eingetretene Zustand zuverlässig dauerhaft erhalten bleibt.

Ergibt die Überprüfung Defizite, so sind weitere Maßnahmen notwendig. Diese sind entsprechend den Schritten 4 und 5 festzulegen, durchzuführen und erneut zu überprüfen.

Es ist sinnvoll, ggf. die Wirksamkeit einer Maßnahme über einen längeren Zeitraum zu beobachten (z. B. Verbesserung der Mitarbeiterzufriedenheit, Senkung des Krankenstandes, Sensibilisierung und Motivierung der Führungskräfte, bessere Kundenzufriedenheit).

Das Ergebnis der Überprüfung ist nachvollziehbar zu dokumentieren (vgl. § 6 ArbSchG), z. B. durch Angabe von Messergebnissen, den Ergebnissen der Beurteilung, festgestellten Defiziten).

Um den Überblick zu behalten, kann in der Tabelle „Tätigkeitsübersicht" (vgl. Seite 103) in der Spalte „Status" tätigkeitsbezogen das Risikopotenzial entsprechend der Abbildung auf der Seite 74 angegeben werden:

- Grün: Akzeptanzbereich (hinnehmbares Risiko)
- Gelb: Besorgnisbereich (unerwünschtes Risiko)
- Rot: Gefahrenbereich (nicht tolerierbares Risiko)

Dokumentation einer Gefährdungsbeurteilung (Beispiel)

Beurteilung der Arbeitsbedingungen:

Leerformulare zum Download unter: www.dcverlag.com/gb

Tätigkeitsübersicht

Bereich: Werkstatt **Leiter:** M. Schulz **Datum:** 1.4.2017

Tätigkeit	Arbeitsmittel	Beschäftigte (bes. Merkmale)	Status
Schweißen (Reparatur-)	• Elektroden-Schweißgerät BT-EW 150 • Autogen-Schweißgerät	• P. Franz (Schweißfachkraft) • M. Schulz (Meister) • S. Maier (Geselle, 54 Jahre) • T. Sefarin (Auszubildende, 17 Jahre)	
Metallsägen	• Ständer-Bandsäge • Bügelsäge	• alle	
Schleifen - Trennen	• Winkelschleifer PWS 750-115	• M. Schulz • S. Maier • Z. Ilzmir	
Richten	• Hammer, Zangen, Hebel	• M. Schulz • S. Maier • Z. Ilzmir • T. Sefarin (Auszubildende)	
Montagearbeiten	• Maul- und Ringschlüssel, Drehmomentschlüssel, Schraubendreher, Zangen usw.	• alle	

Gefährdungen ermitteln und bewerten

Tätigkeit: Elektrodenschweißen **Bereich:** Werkstatt

Gefährdungen ermitteln				
lauf. Nr.	**Nr. Faktor**	**Gefährdung**	**Gefahrenquelle(n)**	**gefahrbringende Bedingungen; bes. individ. Leistungsvorausset**
1	1.4	Getroffen werden	von herabfallenden Werkstücken	• schlechte Sichtbedingungen • kein fester Halt auf Schweißtisch • keine Befestigung
2	2.1	Elektrische Durchströmung	Elektrodenschweißgerät	• kein Fehlerstromschutz • keine Umgebungsisolation • Herzschrittmacherträger (S. Maier)
3	3.3	Schweißrauch	Schweißelektrode	• keine Absaugung vorhanden • Nase häufig nah über Schweißstelle • Raucher (P. Franz)
4	6.1	Verbrennen	an heißen Teilen (Werkstück, Elektrode)	• keine PSA verwendet • teilweise Zeitdruck
5	7.5	optische und UV-Strahlung	Schweißlichtbogen	• schlechte Sichtbedingungen • keine Abschirmung von benac barten Arbeitsplätzen • keine PSA bis auf Schutzschild • empfindlicher UV-Hauttyp

er: *M. Schulz* **Datum:** *1.4.2017*

bewerten		
rfahren, ıelle	**Anwendung des Verfahrens, Risikoschwellen**	**Ergebnis**
sikomatrix	Mögl. Schadensschwere (teilweise 20 kg-Teile): mäßig schwer (C); Eintrittswahrscheinlichkeit: gelegentlich möglich (3); Mittleres Risiko=4 Gelber Besorgnisbereich ab Risiko=3	Gelber Besorgnisbereich
sikomatrix	Mögl. Schadensschwere: tödlich (E); Eintrittswahrscheinlichkeit: gelegentlich möglich (3); Hohes Risiko=6 Roter Gefahrenbereich ab Risiko=5	Roter Gefahrenbereich
ƷUV formation)9-020	Schweißraumemissionklasse B3 ohne Absaugung an der Quelle Überschreitung der Staubgrenzwerte	Roter Gefahrenbereich
sikomatrix	Mögl. Schadensschwere: Bagatellfolgen (B); Eintrittswahrscheinlichkeit: gelegentlich möglich (3); eher geringen Risiko=3 Gelber Besorgnisbereich ab Risiko=3	Gelber Besorgnisbereich
ƧOS IOS Teil Anl. 4	Expositionsgrenzwerte nach kürzester Zeit überschritten. Mit Augen- und Hautschäden ist zu rechnen. Auch bei Dritten in der Nähe	Roter Gefahrenbereich

Maßnahmen festlegen, umsetzen und überprüfen

Tätigkeit: Elektrodenschweißen **Bereich:** Werkstatt

Maßnahmen festlegen			
Maßnahme	**Bezug zu Gef. Nr.**	**Termin**	**Verantwortlich**
Beleuchtung am Schweißarbeitsplatz auf mind. 500 Lux erhöhen: Auswechselung einer Röhre; Reinigung der Beleuchtung	1	12.5.2017	P. Franz (Elektriker)
Schweißvorhänge um Schweißarbeitsplatz installieren	5	12.5.2017	Beschaffung: M. Schu Installation: S. Maier
Mobile Absaugung mit beweglicher Absaugstelle bereitstellen	3	12.5.2017	Beschaffung: M. Schu Installation: P. Franz
PSA: Schweißerhandschuhe und –schürze bereitstellen	4	30.4.2017	Auswahl und Beschaffung: M. Schu
Fehlerstromschutz installieren	2	30.4.2017	Beschaffung und Installation: P. Franz
Arbeitsmedizinische Vorsorge: Angebot G39 (da AGW mit Absaugung eingehalten): P. Franz und S. Maier		12.5.2017	Angebot: M. Schulz Durchführung: Dr. Günzel
Unterweisung		13.5.2017	Angebot: M. Schulz

er: M. Schulz Datum: 1.4.2017

laßnahmen durchführen		Überprüfen der Wirksamkeit	
ngesetzt	Termin der Überprüfung	Ergebnis	Datum/Kürzel
.5.2017	12.5.2017	i.O.	13.5.2017 ms
5.2017 .5.2017	12.5.2017	i.O.	13.5.2017 ms
.4.2017 .5.2017	12.5.2017	i.O.	13.5.2017 ms
.4.2017	12.5.2017	i.O.	13.5.2017 ms
.4.2017	12.5.2017	i.O.	13.5.2017 ms
.4.2017	–	(Angebot alle drei Jahre)	–
.5.2017		siehe Dokumentation der Unterweisung	13.5.2017 ms

Prüfungen

Bereich: Werkstatt

Inventar-Nr.	Prüfgegenstand (Arbeitsmittel, Anlage, ...)	Prüfinhalte (Art, Umfang)
W-1	Elekrodenschweißgerät	Elektroprüfung (Augenscheinprüfung der Sch zeinrichtungen; Funktionsprüfung)
W-2	Mobile Absaugung	Elektroprüfung
W-2	Mobile Absaugung	Funktionsprüfung
W-3	Fehlerstromschutz	Funktionsprüfung
W-4	Schweißkabine	Sichtprüfung auf Schäden (Blickdichtigkeit); Funktionsprüfung der Vorhänge
W-5	Beleuchtung Schweißkabine	Helligkeit: Sollwert 500 lx überall am Schweiß tisch/Bock

er: M. Schulz

ervall	Prüfer	Ergebnis der letzten Prüfung	Nachweis	durchgeführt (Datum/Kürzel)	Nächste Prüfung (Datum)
ırlich	P. Franz (Elektri-ker)	Ersatz beschädigtes Kabel, sonst i.O.	Prüfbuch	13.5.2017 pf	12.5.2018
ırlich	P. Franz (Elektri-ker)	i.O.	Prüfbuch	13.5.2017 pf	12.5.2018
lb-ırlich	S. Maier	Filterwechsel, sonst i.O.	Prüfbuch	20.4.2017 sm	20. 10.2017
ertel-ırlich	P. Franz (Elektri-ker)	i.O.	–	13.5.2017 pf	12.7.2017
ıfend ih-nd der nut-ng	P. Franz, S. Maier	–	–	–	–
ırlich	P. Franz (Elektri-ker)	Reinigung; Auswech-selung einer Röhre	Prüfbuch	13.5.2017	12.5.2018

Notizen

Notizen

Unterweisung. Gefährdungsbezogen

Ergänzung zum Leitfaden für die Gefährdungsbeurteilung

Gruber • Mierdel
1. Auflage • Ausgabe Juni 2009
ISBN: 978-3-934966-98-7
76 Seiten DIN A5 mit Ringösenheftung
Preis: 8,90 €

„Unterweisung. Gefährdungsbezogen" ist die logische Konsequenz auf den „Leitfaden für die Gefährdungsbeurteilung".

Nachdem der Arbeitgeber die Gefährdungsbeurteilung durchgeführt und die notwendigen Maßnahmen des Arbeitsschutzes ergriffen hat, muss er seine Beschäftigten über die verbliebenen Restrisiken am Arbeitsplatz unterweisen. Dies geschieht anhand der ermittelten arbeitsplatz- bzw. tätigkeitsbezogenen Gefährdungen.

Die Broschüre „Unterweisung. Gefährdungsbezogen" unterstützt den Arbeitgeber bei dieser Aufgabe. Unter Anwendung aktiver Unterweisungstechniken gibt sie dem Arbeitgeber Anregungen, welche Themen bei einer vorliegenden Gefährdung angesprochen werden sollten.

Beschäftigte müssen vor Aufnahme ihrer Tätigkeit und danach regelmäßig über mögliche Gefahren sowie über Maßnahmen zu deren Abwendung unterwiesen werden.
Diese Forderung des Gesetzgebers erklärt sich daraus, dass Arbeitsunfälle vor allem in den ersten Tagen der Beschäftigung geschehen. Die Beschäftigten kennen ihren Arbeitsplatz und die damit verbundenen Gefährdungen noch nicht. Nicht selten sind somit Auszubildende betroffen. Unterweisungen regelmäßig durchzuführen ist notwendig, da sich die Arbeitswelt verändert, neue Risiken auftreten können, aber auch die Routine, Gefahren vergessen lässt.

Die Autoren der Broschüre „Unterweisung. Gefährdungsbezogen" möchten dazu beitragen, Arbeitsunfälle durch gezielte Unterweisung zu verhindern und insbesondere unsere jungen Arbeitnehmer vor Arbeitsunfällen zu schützen.